JN001648

安藤美冬

光文社

新しい世界へ　目次

プロローグ

1 おそれの正体

2

おそれを活用する

3

本当に望んでいることを知ろう

4

おそれを手放すための具体的な方法

おそれを手放す8つの方法 159

5 新しい世界へ

プロローグ

人生はこわいことの連続

はじめまして。

フリーランスとして働く、作家の安藤美冬と申します。

私は主に「新しい生き方・働き方」について、実体験や独自の視点を織り交ぜながら発信する活動をしています。

こうした本の執筆以外にも、雑誌やＷｅｂでコラムを書いたり、リアルとオンラインでトークショーなどイベントに出演したり、講演会で話をしたり、ラジオ局など企業と契約して番組やサービスづくりを提案するなど、様々な仕事をしています。

作家としての活動がメインではありますが、基本的には「職業は安藤美冬」という意識で生きています。

本を書く、講演をする、というようなひとつの仕事やスキルにこだわらず、縁があれば色んな仕事をします。これまでカバンなど仕事道具をプロデュースしたこともあれば、ネット番組のＭＣや大学講師を務めたり、Ｗｅｂ広告に出たりもしました。

自分の様々な面を〝商品〟にするという、ちょっと挑戦的な働き方をしています。


こうした独特な働き方を思いついた原点は、大学在学中にオランダへ交換留学した２００１年のことです。

仕事を分け合って労働者ひとり当たりの負担を減らし、雇用を生み出す取り組みである「ワークシェアリング」を知ったときに衝撃が走りました。

働く日を週3日に減らして、大学院に通ったり子育てしたりと、仕事と何かを両立している人、本業の会社で働きながら別のベンチャーでも働く二足のわらじを履いている人など、オランダ滞在中に様々な働き方を実践する人々との出会いに恵まれ、ライフステージや興味の移り変わりに合わせて、労働者が柔軟にキャリアを選択する在り方にとても感動したのです。

もっと自由に、自分らしく働きたい。

21歳の私にとって、これらの経験が大きな影響を与えてくれました。

帰国後、出版社に就職して約7年間正社員として働き、30歳で独立。

ブログやTwitterなど「自分メディア」での発信を駆使して、肩書きや専門領域にとらわれない自由でボーダーレスな働き方の実践者として、２０１２年４月にはＴＢＳ系列『情熱大陸』に出演。大きな反響を呼びました。「フリーランス」「ノマドワーカー」として、日本だけでなく国外でも話題になったので、この番組に出演した印象が残っている人が多いかもしれません。

組織に属さず、個人がスキルを武器に働くフリーランスという形態は、今や働く人の代名詞として広く知られています。

また無料 Wi-Fi が街中に敷かれ、コワーキングスペースが全国各地につくられ、企業にも「テレワーク」「リモートワーク」が浸透するに従って、カフェでパソコンを広げて仕事をするノマドワーカーを見かけるのも日常の風景となりました。

あれから8年以上経った今日、SNSを使い、自分という個人を〝商品〟としてブランディングしながら様々な仕事をする人たちが増え、誰もが自分らしい働き方を模索する時代がきています。YouTuber、インスタグラマー、ライブ配信者など、ネットを使ってキャラや話術で稼ぐ人も、10年前には考えられなかったことです。

こうして、SNSやマスメディア、著作などを通じて発信活動をしていた私は、新しい起業の形を確立した「新しい働き方のパイオニア」として注目され、仕事の場を広げていきました。

デビュー作は新人としては異例の初版部数で始まり、全国6都市でサイン会を開催。登壇するイベントはすべて満員御礼。雑誌やWebの連載は8本、報道番組のコメンテーターや大学の専任講師にも就任、連日メディアインタビューや対談をこなすという多忙な日々を過ごしてきました。

SNSのフォロワーはTwitterだけでも5万人を超え、全国各地から毎日のようにメールや手紙、友達申請が。インフルエンサーとして海外へ招待旅行に行き、プライベートでは有名作家や経営者、文化人たちと交流する生活が日常となったのです。

こうした〝華やかな〟日々は、ずっと願っていた生活でした。

でも、長年願っていたはずなのに、ポジティブな感情になれるのは一日のうちほんの一瞬。何か目標を達成したときくらいです。それ以外は、心から幸せだな〜と湧き上がってくる喜びとも、リラックスして心落ち着ける時間とも無縁の生活です。

それどころか、常に「競争心」と「不安」でいっぱい。

交感神経がフル回転しっぱなしで常にイライラしていましたし、一番身近な存在のはずのアシスタントすら信頼できず、まるで戦場でひとりで戦っているような、孤独な感覚がずっとありました。

一体なぜ、何のために、誰と戦っているのか、自分でも分からなくなったのです。まるで〝社会の迷い子〟のようでした。

これまでの私は、幸せは自分で獲得するものだと思い込んでいました。

本をベストセラーにすれば、SNSでの影響力が強くなれば、著名人たちと仕事をすれば、主張に共感してくれる人が増えれば、幸せが手に入る、というように。自分の価値は自分で証明しなければならないと駆り立てられ、頑張って目標を達成するのが生き残る道だと信じていたのです。でも同時に〝嘘〟を見抜く自分も存在し、「本当にこのままでいいの？」という自分への疑問もありました。

幸せになるために頑張ってきたのに、どこで間違ってしまったのだろう？

時は流れて2017年秋。色々と考えた末に、SNSをやめる決断をしました。当時の私にとって、SNSやインターネットはなくてはならない商売道具。やめるのは最も「こわいこと」です。「社会とつながるのをやめる」という決断はとても大きいものでしたし、周囲にも驚かれましたが、もう一度、自分と向き合うための時間が欲しかったのです。

新しい日常への戸惑いと、ガラ空きになったスケジュール帳に不安はありましたが、慣れてしまえば〝つながらない世界〟はとても心地がいいものでした。

周囲の人たちの動向や情報に振り回されることなく、私はやっと、「自分と2人きり」になれたのです。

縁側でお茶をすするような、穏やかな時間。

友人たちと冗談を飛ばして笑い合うごく普通の時間が、最高に幸せだと感じられるようになり、これまで意味がないと切り捨ててきたもの、無駄だと決め付けていたものにも喜びは見つけられる、と深いレベルで実感しました。

道端の小さな花や、朝の太陽、家族が「行ってきます」と出かけるいつもの風景、カフェ店員さんの笑顔、そうしたごく当たり前で平凡なことが、なんてキラキラしているのだろうか。まるで生きる世界が変わったようでした。

過去のある日閉ざしてしまった、私の感受性の柔らかい部分を取り戻して、やっと自然体で生きられるようになったのです。

穏やかな日々が2年ほど経過した頃、少しずつ、新しい流れがやってきました。

YouTube チャンネルを一緒にやろうという知人からのお誘いに始まり、友人が主催する大規模な講演会の隣の席に音声配信プラットフォーム Himalaya の副社長が座っていたり、イベントの対談相手がアメブロのオフィシャルブロガーに推薦してくれたりと、わずか1ヶ月のうちに次々と「SNSを再開する」後押しを受けたのです。

突然そうした話が連続でくることに驚きつつ、そろそろ自分の言葉で何かを伝える時期かもしれないとも感じました。

そこで、メンター（師匠）が出演する YouTube 公開収録に行くことに。

観客の人生相談に答えていく一問一答形式のイベントで、会場には期待に胸をふくらませた参加者たちが詰めかけ、満員御礼状態。そこで手を挙げて質問する勇気はありませんでしたが、メンターと他の参加者たちとの質疑応答を聞いていくうちに、自分の腹が少しずつ決まっていくのを感じました。

穏やかだけれど、今の状況はちょっと退屈で、エネルギーが有り余っています。

もっと広い世界に出て、力試しがしたいという思いが湧き上がってきました。

けれども、数年のブランクを経てSNSを再開することは、考えられる限り、最も「こわいこと」。

ブログを書くことを想像するだけで過去ネットで受けた傷が疼いて、「やっぱりやめよう。今さら、私の言葉に価値なんてないし」と、即座に打ち消し、ただ、時間が過ぎていきました。

芽生えた情熱の火種を、大きな炎へと育てていくのか、火消しをするのか。

育てていくほうを選ぶなら、私はもう一度、こわい思いをしなきゃいけないの？

39歳、新しい世界へ舵を切るかどうかのターニングポイントに立ったのです。

思えばずっと、人生は「こわいことの連続」でした。

21歳で単身ヨーロッパに留学することも、27歳で抑うつ状態で休職していた職場に復帰するときも、30歳で成功する保証がないままに退職、独立したときも、こわがる心を振り切って、前に進む選択をしました。

31歳、仕事と収入がない状況を打開しようと、やりたいことへの思いをFacebookの投稿にぶつけたときは、送信ボタンを押す指が震えました。

32歳、有名ドキュメンタリー番組からのオファー。

全国区のテレビ番組出演依頼に本当に驚きましたし、月30万円稼ぐのがやっとの駆け出しのフリーランスにすぎない自分には荷が重すぎると辞退を考えましたが、人生は一度きりと決心して、やってきたチャンスに飛び込むことにしました。

放送後は賛否両論の反応がありましたし、想像以上の反響と、心ない中傷に深く傷つきもしましたが、その後、念願の初出版とサイン会、全国での講演、テレビのコメンテーター出演など夢が次々と叶いました。まるで〝最高〟と〝最低〟を同時に味わうような、激動の1年を過ごしました。

33歳で大学で講義をするようになったことも、34歳で結婚を考えていた恋人と別れたことも、35歳で海外での仕事を引き受けたことも、37歳でSNSから離脱したことも、ずっと、こわいながらも決断してきました。

そして素晴らしいことに、「こわい」ほうを選ぶとき、決まって人生は、私の勇気と決断に微笑み返してくれたことを思い出しました。

そもそも、一度芽生えた情熱の火種を、なかったことにはできません。

たとえうまくやりすごしたとしても、時の流れとともにそれが消えることは決してなく、やらなかった後悔に悩むか、何かの拍子に火種が再燃するだけです。

40歳、まずはリハビリを兼ねて、音声配信プラットフォームHimalayaにて人生相談チャンネルを開設。

自宅の寝室でスマホを片手にひとりで収録を始めたのですが、3つ、5つと収録を重ねるうちにどんどんアイデアが降ってきて、6時間以上もぶっ通し、夜が明けても配信を続けました。

あふれる思いを言葉にのせながら、私はこれがやりたかったんだ、と実感して胸が熱くなりました。

たった1年で、状況は一変。

SNSをせず、限定的な人とのつながりだけで暮らしていた私が、今ではブログやメルマガ、音声配信などで発信活動をしています。

そして書籍の出版が立て続けに決まり、現在複数の出版社で執筆中のほか、様々なイベント、講演、メディア出演のオファーもやってくるようになりました。

何よりも毎日がとても充実していて、何かをしてもしなくても、幸せな気持ちで満たされています。

居心地の良い世界で現状維持を選ぶか、それともおそれを感じても魂がやりたいことに従うか、真剣に悩み、葛藤していたのが嘘のようです。

今では自分の紡(つむ)ぐ言葉が誰かの心を勇気づけ、人生を動かしていることを確信しています。

「ブログを再開してくれて嬉しい」「毎日欠かさず音声配信を聞いています！」という声や、こうして本書を出版できることにも、深い喜びを感じる日々です。

新しい出会い、懐かしい人との再会、新しい仕事。

新しい波がやってきているのを肌で感じています。

こわいことほど、人生にブレイクスルーを起こす

多くの人がこわくてできないことに、果敢に挑戦する人がいます。

彼らは失敗をおそれず前に進んでいくので、こわがって何もやらない人よりも、何

倍の早さ、何倍の濃度で人生を動かしています。

その生き様はまるで、通常なら10回生まれ変わらないと実現できないような人生を、たった1回でやり切るかのようです。


こうした超人のような人がいる一方、新しい一歩を踏み出せず、同じような場所、同じような状態に長く停滞している人もいます。

彼らは変化よりも現状維持を、挑戦よりも退屈を選び、情熱を持てるものから遠ざかって生きています。一見、彼らの人生は平穏ですが、その実、深いあきらめと無力感もあります。

あるいは、行動力も決断力もそこそこあるけれど、本当にやりたいことや肝心な場面を前にすると急に弱気になって、何もできなくなる……。

自分の人生こんなものじゃない、もっとできることがあるはずと思うけれども、なかなか望む結果が出なかったり、やる気が空回りしたり、評価を得られなかったりして、最高に満足しているという状態とは言えない日々を送る人もいます。

あなたは、今どんな人生を送っていますか。

私はこれまで、SNSに寄せられる相談や、オンラインサロンでの交流、全国各地で講演会やイベントに出演する際の質疑応答の中で、人の悩みに数多く接してきました。

悩みの根底には、共通したネガティブな感情があります。

それは「おそれ」です。

「批判や拒絶がこわくて動き出せない」

「お金がなくなったらどうしよう」

「挑戦して失敗したら、人からどんなに笑われるだろう」

「嫌われたくないから、あの人に本音は言えない」

もしあなたも、こわくて動き出せないのなら、とても大切なことを言います。

こわいのは、それだけあなたにとって大切なこと、価値のあることだからです。

どうでもいいこと、取るに足りないことに関しては、人は何も感じないものです。

批判がこわくて動き出せないなら、それだけやりたいことが大きな夢だから。

お金がなくなるのがこわいのは、それだけ責任を持って生活をしてきたから。

周囲の評価が気になるのは、それだけ人間関係を大切にしてきたから。

嫌われるのがこわくて本音が言えないのは、それだけ相手も本音も大切だから。


「こわさ」は不快な感情なので、なるべく避けたいのが人の常というもの。

それでも、こわさは自分にとって価値のあることを測るバロメーターだと知っていれば、おそれが湧き上がったときに、むしろ気持ちが高揚するようになります。

自分をより知るためのきっかけになるからです。


そもそも、皆さんが今おそれていることは、単なる思い込みに過ぎません。

批判を受ける、お金がなくなる、周囲から笑われる、嫌われるという思い込みは、ネガティブな方向に「信頼」を使った結果です。

自分はできる、というポジティブな方向に信頼を使うのではなく、100%ネガティブな方向に使ってしまうと、こうしたおそれにとらわれてしまいます。

つまり、過去に傷ついたり、思いが伝わらなかったり、失敗したと感じた経験や、世間や両親からもらった〝常識〟で再び自分が傷つかないために、前もって最悪の事態を予測しているだけなのです。

そう、おそれは「勘違い」。

どうせ勘違いするなら、ポジティブな勘違いをしませんか？

絶望が希望へと進ませる

強いおそれを感じている分野は、あなたにとって価値のあることだからこそ、それだけ自分の「思い」「期待」「情熱」が潜んでいます。

「おそれ」と「情熱」は、実は表裏一体。

同じ感情エネルギーを、否定的に使うか、肯定的に使うかの違いだけです。

こわいものであればあるほど、潜んでいるエネルギーは膨大です。

その膨大なおそれのエネルギーを手放し、肯定的な方向へと使ったとき、あなたの人生にどれだけのブレイクスルーが起きるか、想像できますか？

あなたが今、おそれていることこそ、実は未来を賭ける価値のあるものです。その先には新しい世界が待っていると、私は断言できます。

19世紀にアメリカをはじめ、世界各地で起きた「ゴールド・ラッシュ」を思い浮かべてみてください。

この時代、ヨーロッパをはじめとした全世界から、一攫千金を狙う採掘者たちが、自らの命を危険に晒(さら)すほどの過酷な道のりへと繰り出していきました。

成功する保証などない、命がけの挑戦です。こわくないはずがありません。

それでもなぜ、人は冒険に出たのでしょうか？

なぜ、リスクを取ってまで、「ここではないどこか」を目指したのでしょうか？

もちろん、ゴールド・ラッシュが起きた背景には理由があります。ヨーロッパで起きた恐慌に端を発した深刻なデフレと、大量の移民がアメリカに押し寄せたことによる失業者の増加という絶望的な状況です。

こうした絶望が、人々を可能性という希望に駆り立てたのは間違いありませんが、絶望的な状況だけが、人を冒険に駆り立てるわけではないでしょう。

人間の本能が、新天地を求めたのだと思うのです。


希望を胸にふくらませ、新しい場所へ向かうとき。

明るい未来を夢見て、まだ見ぬ新しい世界へ、力強く一歩を踏み出すとき。

道なき道へと進む人間には、きっと巨大なパワーが、泉のように湧き出していることでしょう。


絶望した経験は、生きていれば誰にでもあります。

病気や仕事、お金、人間関係、恋愛、結婚、離婚、子育てなど、誰もが何かしらに行きづまり、絶望したはずです。

私自身も何度も絶望感に打ちひしがれ、生きるのをやめてしまいたいと思いつめた夜を過ごしたこともあります。

それでも子どもの頃に、冒険小説やスーパーヒーローの物語が見せてくれる、強くて優しい「希望の世界」にワクワクしたことを思い出して、そのたびに明るい未来を描き直し、立ち上がってきました。

この本を読むあなたも、つらい状況や不本意な現実に今現在いるかもしれません。

でも、あなたが感じている苦しみは生涯続くものでは決してなく、新しい世界には、あなたが輝ける場所がきっとあります。

大変なことを経験するからこそ、望みが生まれる。つらい現実があるからこそ、希望を持って新しい世界を望むことができる。

あなたが絶望から立ち上がるパワーこそが、新しい世界に踏み出すための大きな源となるのです。

おそれをエンジンに、新しい世界へ

不安はある。頭で考えればとてもこわい。それでも前へ進みたい――。

そうしたおそれを感じるときは、留学、就職活動、転職、独立、本音を伝えること、本当にやりたいことをやること、情報発信、恋愛や結婚、子育て、離婚、病気の治療、移住といったタイミングなどが当てはまるでしょう。

もし、あなたが今、何かに対しておそれを抱いているとしたら、それはきっと、あなたを新しい世界へ連れていってくれる道しるべとなります。

今いる世界を飛び出した先に、雲ひとつない、澄み渡る青空があることをどうか知ってください。


おそれを手放し、こわいことをどんどん実行していくうちに、「こわいと思っていたけど、それほどでもなかった」「大丈夫、自分にはできる」と自信がついて、ますますポジティブなスパイラルへと入っていくことでしょう。

それはまるで、スーパーマリオでいうスターを手に入れた無敵状態。

こわいことに飛び込んでいくうちに、あなたの人生が素晴らしい方向へと変化していき、まったく新しい世界が広がっていくことと思います。

本書を手に取って今読み進めているということは、あなたの魂が、「新しい世界へ飛び出したい」とあなたに求めているということ。

新しい世界へ、足を踏み入れるタイミングにきています。


ここで、自分自身に約束してください。

「こわいことをやる」と決めてほしいのです。

そうすれば本書の言葉とエネルギーが、より深くあなたの意識を動かすはずです。


プロローグの最後に、ちょっとだけご紹介します。

本書のために、日本全国だけでなく海外からも（！）40人以上の男女に集まってもらい、座談会メンバーと本の宣伝隊メンバーを結成。座談会メンバーには、「今一番こわいこと」と「理想の状態」をオンラインでシェアしてもらいました。

本書には時々、彼らのエピソードが登場します。

彼らはあなたと同じように、人生を変えるため、新しい世界へと踏み出すために、「おそれ」と正直に向き合い、越えていく同志たちです。

こわいのは、あなただけじゃない。

どうか、この世界にたくさんの仲間がいることを思い出しながら、ページをめくってください。

さぁ、おそれを手放す準備はいいですか？

1

おそれの正体

おそれとは何か

手放すと言っても、おそれは決してあなたを邪魔する悪者ではありません。

おそれは人間の本能。本能なので、存在する理由があります。

太古の時代、巨大なマンモス相手に武器も持たず、裸一貫で立ち向かう人がいたとしたら、彼は〝無謀な〟人間として真っ先に死んでいったことでしょう。

そこで生き残ることができたのは、無計画に飛び込むのではなく、マンモスの強さや弱点などを把握し戦略を立てた上で、勇敢な行動をした人たちのはずです。

つまり私たちの祖先は、慎重な思考と行動を繰り返した結果、命をつないできたとも言えます。慎重な祖先の子孫なのですから、私たちも慎重になって当たり前。

おそれを感じるからこそ、安全な社会をつくったり、綿密な計画を立てたり、相手と調和しながら丁寧なコミュニケーションを取ったりすることを覚えてきたのです。

けれども、時は現代。マンモスも道端に歩いていなければ、空腹を満たすのに武器を持って狩りに出かける必要も、もうありません。

社会的な安全が保証され、肉体的にも精神的にも保護されている現代では、おそれは別の意味を持ちます。

それは、おそれは人を萎縮させ、のびのびとした創造力を消し去り、歩みを止めさせてしまうというもの。

独立したい、転職したい、好きな人に気持ちを伝えたい、結婚したい、仲違いしている友人に本音を伝えたい、海外に行きたい、ブログを始めたいという願望があっても、おそれが強いと、「失敗するかもしれない」「今まで三日坊主で終わっていたし……」「お金がなくなったらどうしよう」とネガティブに考えてしまって、せっかくの本音に火消しをしてしまいます。

このように、「生き延びたい」「安全な場所で眠りたい」「お腹を満たしたい」というような欲求はすでに満たされている一方で、現代に生きる私たちは、「人に認められたい」「お金を稼ぎたい」「愛されたい」「出世したい」というような〝新しい欲求〟を持つようになりました。

当然ながら、欲求が強ければ強いほど、おそれも大きくなります。

「失敗してがっかりするくらいなら、最初からやめておこう」「嫌われるかもしれないリスクを取るくらいなら、穏便にやりすごそう」と、おそれにとらわれたまま何もしない選択を取った経験は、きっとあなたにもあるはず。

なぜ現状維持を選ぶのか

こうして人は、失敗をおそれて現状維持を選んでしまいがちです。

会ったことのないようなタイプの人、やったことがない仕事など未経験のものにひるんでしまうのは仕方ないにしても、長年夢見ていたようなオファーやチャンスがせっかくやってきても、何かと言い訳をして動かない人をこれまで何人も見てきました。

つい先日までイキイキと夢を語っていたにもかかわらず、いざ、大きな変化を目の前にすると、こわくなって逃げ出してしまうのです。

現状維持を選ぶ人は、例外なくおそれにとらわれています。

失敗したり、嫌われたり、お金を失ったり、余計に事態が悪化したりして、「がっかり」「無力感」「絶望感」「自己嫌悪」「惨めさ」のようなネガティブな感情を味わいたくない。一度味わってしまったら、もう二度と立ち上がれないかもしれない。

そうやって、まだ結果の出ていない未来をネガティブに想像して、これ以上傷つかないために何もしないのは、私たち人間の自我（エゴ）の性質によるものです。


自我は私たちを守るために、必死にトリックを仕掛けてきます。

うまい話には裏があるのでは？

この人は本当に信用できる人なのか？

あのとき失敗したのに、今回はできる保証があるのか？

こうして人を不安にさせ、落ち着いてできる方法を考えることやネガティブな感情と向き合うことを放棄させ、まるでそれが真実だと勘違いさせるのです。

未知の世界に足を踏み入れたら最後だと、自我は私たちを絶えず説得してきます。

おそれは日々刺激され、引き出される

「こわい」という感情は、できれば感じたくない、不快な感情の最たるもので、避けたいと思うのが普通です。

それでも、私たちはおそれから無縁ではいられません。

おそれは本能なので私たちに初期装備されていますし、周囲の環境からの影響もあります。本人がどのように暮らそうと、世の中全体がおそれを刺激してくるからです。

テレビをつけたら、感染症、事件や事故、自然災害……気が滅入るような暗いニュースが全国のお茶の間に放送され、人の死へのおそれ、お金を失うことへのおそれ、社会的に失墜することへのおそれを揺さぶります。

ネットを見れば、芸能人の不倫や不祥事、SNSでの誹謗（ひぼう）中傷が嫌でも目に入ってくるでしょうし、場合によっては、誰かを裁きたい、断罪したいという怒りや憎しみが湧き上がることもあるでしょう。

SNSは人とつながり、広く声を届けられる素晴らしいツールですが、光の側面だけでなく、こうした暗部もあります。

特にこれまで見えることのなかった、人の本音があらわになったことが大きいでしょう。人々の反応は、ポジティブなものもあれば、ネガティブなものもあるので、誰かの行動が周囲のネガティブな反応を引き出すのを目撃したとき、「挑戦するのはこわい。目立つと誰かに叩かれてしまう」と萎縮してもおかしくありません。

他人の気持ちや反応を知る機会が増えたことで、現代に生きる私たちは、「周囲の人は自分のことをどう感じているのか」にますます敏感になっています。

コントロールできるのは自分だけ

私にも、周囲の顔色を窺い、反応をおそれる部分はあります。むしろ、臆病な性格か勇敢な性格どちらかと聞かれたら、正直に言って、「臆病な性格」だと答えます。根が臆病だからこそ、行動するための考え方やメンタルづくりをしたり、こうしたおそれを手放すための本が書けたりするのです。

根っからのこわがりだからこそ、嫌な気持ちを避けるために、行動しない選択を取る人の立場がよく分かりますし、周囲の人たちにどう思われるのかビクビクして、やりたいことを思い切りやれない人が理解できます。

ただ、行動できない人と私の違いがあるとすれば、おそれの性質を理解し、手放し、行動する選択を取り続けてきたことです。

数年前、英語を使って海外の人たちと仕事がしたい、という10代からの夢への第一歩を踏み出したことがあります。20歳で参加した、内閣府（当時は総務庁）主催の「世界青年の船」という国際交流事業の関係者からお声がけをいただき、今度は乗船者ではなく、仕事として15年ぶりに参加することになったのです。

この事業は、18～30歳の青年が世界各地から集まり、日本と海外青年の合計約250人が、「にっぽん丸」という日本で二番目に大きい客船で約1ヶ月間共同生活をしながら、寄港地活動や文化交流などを通して、異文化対応力やコミュニケーション力、リーダーシップを育むプログラムです。

海外青年の出身国はアメリカやカナダ、スペイン、オランダ、インド、スリランカ、ニュージーランド、アラブ首長国連邦、バーレーン、チリ、アルゼンチンなど、多岐にわたっています。

私がオファーをもらった役職は、「ファシリテーター」というもので、日本と海外青年たちの船内でのディスカッション（討論）の際に、議論を盛り上げたりまとめたりするという役割でした。テーマはビジネスと起業なので得意分野ではあるものの、ただでさえ難しい多国籍の討論のまとめ役を、全編英語でやる仕事です。

欧米だけでなくアジアや南米、中東のビジネスや起業事情を勉強しなければならない上に、英語で理解し、話し、なまりの強い英語でも瞬時に受け止めて議論を盛り上げなければなりません。自分には荷が重すぎると、かなり躊躇（ちゅうちょ）しました。

実は私には、21歳でオランダに交換留学した時代の苦い経験があります。

学部唯一の日本人で、得意なはずだった英語力も授業のレベルには追いつかず、日々の膨大なレポートや課題にいっぱいいっぱい。クラスメイトの誰にも心を開けず、悩みを抱えたままいつもお昼は学食でボッチ飯。

しまいには授業からも逃げ出してしまいました。

過去を思い出すと、自分にはできそうもないと弱気になりましたが、幸い声をかけてくれた人がじっくりと私の気持ちを聞いてくれました。

そして弱みを打ち明けるうちに、過去は過去と割り切り、本当に私が挑戦したいと思っている海外を股にかけて仕事をする、という夢の足がかりのためにも、そしてこれから出会う日本や海外の未来ある青年たちのためにも、おそれに負けずにやってみようと決断することができました。


やると決めてからは、ノートにこわいことをひとつひとつ書き出していって、自分の中にあるおそれと向き合いました。すると、深いところにある無価値感や自信のなさに怯える、小さな私が見えてきました。

英語を勉強するのも、ディスカッションの準備をするのも、船内で自己紹介をするのも、授業を進めるのもこわいことの連続でしたが、そのたびに「こわいけど、前へ進む」ことを選んできました。

そのうちに要領もつかめるようになってきて、自分の手に負えないテーマはゲストの先生を呼んだり、他の先生方の討論のやり方を真似してみたり、参加青年たち主導で授業を進めてもらったりと、少しずつ改善できるようになってきました。

船を降りる日、請け負ったクラスの青年たちから手紙やプレゼントとともに感謝の気持ちを伝えてもらったことは、半年以上に及ぶプレッシャーを一瞬で忘れるほどの喜びがありました。

その後、起業することになった参加青年が何人も誕生し、彼らから連絡と報告をもらうたびに、彼らの役に少しでも立てたのなら参加を決めてよかった、と心から思えたのです。

愛か、おそれか

私たちが感じる感情には、大きく分けて２種類しかありません。
それは、「愛」か「おそれ」かです。

喜び、幸せ、満足、情熱、自由といったポジティブな感情グループは愛に、不安、自己嫌悪、無気力、怒りといったネガティブな感情グループはおそれに属しています。

赤ちゃんを街中で見かけたとき、フワフワした猫を抱っこするとき、誰もが柔らかい笑顔になって、可愛い！　と喜びの気持ちに満たされますよね。

美味しいものを食べたら顔がほころんで、生きててよかったなぁと幸せを感じます。

大好きなことに夢中になって打ち込むとき、情熱がその人の全身からほとばしっています。私もコンビニで新作のチョコレートを見つけたときは胸が躍るし、部屋でコーヒーのおともに食べる時間は、至福です。

こうした「喜び」「幸せ」「情熱」はすべて、愛の感情。

逆に、恋人の気持ちを疑ってもやもやしているとき、会社の業務にやる気を失って無気力な状態でいるとき、見知らぬ人にぶつかられて思わず舌打ちをするとき、私たちはおそれの感情に支配されてしまっています。

大切なのは、不安や無気力、怒りなど強烈な感情を伴うものだけが、おそれではないということ。戸惑い、退屈、不満、イライラ、焦り、恥ずかしさなど、大なり小なりネガティブな感情すべてが「おそれ」グループに入ります。

感情はとてもバラエティ豊か。ネガティブな感情が湧いたとき、自分が感じているのはどの感情か、ぜひ知っておきましょう。

感情の持つパワーは絶大です。

ずっと赤ちゃんを欲しがっていた女性が待望の子どもを授かったと知ったら、その喜びはものすごく大きいものです。思わず「嬉しい！」と声を出して、旦那さんと抱き合って泣いて喜び合うことでしょう。

そして怒りの感情もまた、パワフルです。普段とても温厚な人が、何かのはずみに突然キレることがあります。いつもは感情を抑えて冷静にふるまっているからこそ、ダムが決壊したときのインパクトは強烈です。場合によっては周囲に当たり散らしたり、喧嘩をしたり、モノを壊す人もいるかもしれません。

こうして人を「動かす」だけでなく、感情は、人の動きを止めることもあります。苦手な虫に遭遇したとき、びっくりして動けなくなることがありますね。

気さくでおしゃべりな性格の人でも、好きな人の前では意識するあまりに無口になることも、恥ずかしさというおそれによるものです。

喜びや情熱など、「愛」を感じている人がイキイキと動いていて、おそれにとらわれた人が緊張し、全身を硬直させているのを想像すると、彼らの様子がいかに対照的か分かると思います。

おそれのパワーは凄まじいので、闇雲に対処するのはすすめられません。

おそれの構造をしっかりと把握してから、少しずつ対処していきましょう。

おそれを感じにくい人

おそれが多くの人に影響を与える中、おそれを感じにくい人もいます。

本書のために行った読者代表によるオンライン座談会でも、数名、「こわいことが思い浮かばない」「あまりネガティブな感情になることがない」という人がいました。

確かに、こわいものがあまりないという人もいます。その人にとって慣れていることや、過去にクリアしていることは、こわいとはあまり感じません。

「会社を辞めるのなんて全然こわくない」という人は、きっと過去に会社を辞めたことがあったり、物理的にも精神的にも準備できていたりする人でしょう。

本当にこわがっていない人も、もちろん存在します。

周囲がチャレンジを応援してくれていたり、自分を肯定してくれていたりした環境にいた人や、何をやっても大丈夫だというセルフイメージの高さを育ててきた人たちです。

もし、母親がどっしりとして感情的なバランスが取れている人であったり、父親が自分の好きなことを応援してくれる人であったりすれば、周囲の意見がどうであれ、自分はこの道を行く、という態度を取ることはそうでない人に比べて容易でしょう。

ただ、そうした人たちが全員こわさを感じにくい訳ではありませんし、どんな親や環境下にあっても、その後の人生がどうなるかは本人次第です。ですので、ここでは感情を麻痺させてしまっている人について、もう少しお話ししたいと思います。

こわいこともない代わりに、情熱や喜びも感じないという人は要注意です。**こわいことをくぐり抜けてきて対処の方法を知っている人も、単に感情を麻痺させてしまっている人も、同じ「おそれを感じにくい人」だからです。**

見た目はどちらも落ち着いているように、おそれを持っていないように見えます。けれども本当にこわがっていない状態の人と、麻痺してしまっている状態の人とでは、内面の状態がまったく違います。

あらゆる感情が麻痺したのは、周囲からの影響や過去の挫折経験など様々な理由から、これ以上傷つかないため、自分を守るためです。だからこわさや恥ずかしさも感じない代わりに、喜びや楽しさも感じにくくなってしまっています。

Aさんという経営者の男性がいます。彼は有名大学を卒業し、大手商社に勤務後独立した、エグゼクティブなビジネスマンです。仕立てのいいスーツに身を包み、英語を流暢に操って、優雅に仕事をしています。

しかし彼は朝から晩まで仕事に明け暮れる典型的なワーカホリックで、少しの休みにはジムで身体を鍛え、勉強をしています。リラックスする時間はほとんどなく、いつも自分を強いプレッシャーに追い込むような日常を過ごしています。

聞くと、父親がとても厳しい人で、子どもの頃は少しのヘマをすると体罰を受け、遊び道具を買ってもらうことも許されなかったようでした。子ども時代に子どもらしく振る舞えず、甘えや弱さを封じ込めたまま、父親の怒りという感情的な暴力に耐えてきたのです。

Aさんのような人は、感情を感じることが苦しすぎて、過去のある日に自分と心を切り離してしまっています。そして自立して、休みなく働き、折り目正しく生活しながら、自分の日常からあらゆる感情を封じ込めることでこれ以上傷つくことから身を守っているのです。

そうした人は、普段から感情を荒らげず穏やかで、人間関係では衝突を避け、似たような人とつき合い、同じ仕事をするというルーティン化した日常を送りがちかもしれません。

また、コミュニケーションが淡々としていて打っても響かないような人、おっとりした感じがいきすぎてしまっている人も、感情を麻痺させてしまっているかもしれません。

彼らはポジティブであれ、ネガティブであれ、感情というものから遠い場所にいます。

人の話をちゃんと聞いているのかな？　と周囲が不安になるくらい空気が読めず、会話が成り立ちにくい人。あなたにも思い当たる人がいるのではないでしょうか。

彼らはまるで、「平和村」に閉じこもっているかのようです。

平和村に閉じこもっている以上は、自分たちの身の危険が脅かされることのない居心地のいい世界で、同じ村に住む他の住人たちと無言の協定を結んでいられます。

「私は変わらないから、あなたも変わらないよね」というように、家族や友人、コミュニティ単位で、お互いに変わらないよう監視し合っているケースもあるかもしれません。

ですが平和村にも、ある日突然、黒船が来襲することもあります。

個人的変化だけでなく、地域や社会全体が自然災害や感染症をはじめ政治的、経済的な理由で変化を余儀なくされてやっと、これまで眠らせていた感情が叩き起こされ、右往左往してしまうことになるのです。

おそれを感じやすい人

それでは、おそれを感じやすい人はどうでしょうか。

彼らは、おそれを感じにくい人と同じように親など周囲からの影響を受けていますが、**感じにくい人は「自立」的な態度になるのに対して、感じやすい人は「依存」的な態度として出るのが特徴です。**

家庭が安心できなかった場だったからこそ、「安心できない」「自分は十分でない」という不安や心配がずっと心にあって自分を無力な存在だと感じているために、誰かを頼らないと生きていけず、自分の責任で何かを決めたり生きることに困難を感じます。

では、彼らが大人しく内向的な人たちかというと、必ずしもそうではありません。むしろとても社交的で、いつも笑顔で、活動的な人でも、実は「隠れこわがり」。笑顔や高いコミュニケーション力は敵をつくらないための彼らなりの生存戦略で、表面的な知人や友人は多く、つながりに事欠かないわりには、本当に心を許している人はごく少数だったりします。

また心の深い部分では「自分は十分ではない」という不足感や欠乏感があるために、行動によって欠けているものを埋めているケースだってあるのです。

Bさんはとても明るく人気者の女性で、仕事も趣味も思い切り楽しむ行動派。2つ以上の仕事を掛け持ちしながら、大好きなキャンプを年中満喫しています。

また、普段から話す言葉に気をつけていて、人の悪口や愚痴はもちろん、ネガティブなことはほとんど口にしません。車の中では好きな著者のラジオを聞いていて、「ありがとう」「運がいい」というような前向きな言葉を大切にしています。

けれども彼女の家庭環境はとても複雑で、貧困のために両親は離婚。物心ついたときから、母をかばい、兄弟の面倒を見てきました。

子どもの頃から安心できなかったせいか、彼女の中にはいつも消えない不安があります。その不安を払拭するために「ポジティブ言葉」を心がけているのですが、何年経っても、行き場のないような不安に駆られることがあります。

何年か前、本当にやりたい夢へのチャンスがやってきました。けれども、夢が叶うかもしれないと思った途端に急におそれが襲ってきて、結局断ってしまいました。人のためにばかり生きてきたので、いざ自分の夢や幸せが叶いそうになると、慣れないことからパニック状態になってしまったのです。

今は家業を手伝っていて、自分の夢はあまり進まず、同じところをグルグルしているような状況です。自分のことを後回しにして、周囲のために自分を犠牲にするパターンにハマってしまっています。こうしたケースは自分の幸せを許していないために起きがちなことであり、「誰かの面倒を見る」ことは実は本当にやりたいことに自分を向かわせないための、隠れた〝依存〟行為でもあるのです。

他者批判は、自己批判

2017年から約750日間、SNSをはじめネットから距離を置いていたことはプロローグですでにお話ししましたが、この期間に驚いたことがあります。それは、日常会話における噂話の多さです。そのほとんどが、Facebook や Instagram の投稿など、SNSからの話題でした。

噂話の中には誰かの頑張りや新しい角出に対して応援するようなポジティブな会話も多くありましたが、時々悪口や批判も耳に入ってきました。

「あの人、新しい事業を始めたけどいまいちだよね」「CさんのSNS、なんかイタいよね」という風に、他人の噂話やネガティブなコメントを色々聞いていくうちに、分かってきたことがあります。

それは、**批判的な人ほどおそれている人だということです。**

辛辣(しんらつ)な言葉の矛先は元は自分自身に向けられたもので、他人のことをあれやこれやと言いたがる人ほど、実は他人からの評価を人一倍気にして、おそれから動けない人だったのです。

「他人に厳しく、自分に甘い」という言い回しは、個人的には正確ではないと思います。

そうした器用な使い分けをできることはごく稀で、実際のところは、**他人に厳しい人は必ず自分にも厳しい視線や言葉を浴びせかけています。**もちろん、反対もしかりです。

脳は主語を理解できないため、誰かへの批判と自分への批判を区別できないと言います。「そんなこと、できるわけがないだろう」とか「前にも失敗したじゃないか」と、完璧主義な自分が自分に（無意識に）している批判を、単に他者にも向けてしまっているだけなのです。

かつての私も、「他人に厳しく、自分に厳しい」ひとりでした。

本やコラムを書いても、自分の文章に納得することができず、せっかく子どもの頃からやりたいことだったのに、ずっと楽しめずにいました。

講演会をしても、テレビのコメンテーターをしても、自分の言葉や発言のアラばかりに目がいって、終わっても反省ばかり。挙げ句、自分の容姿や服装、声も気になってしまい、どんなに満足していただいても、心から「いい仕事ができた！」という気持ちになれることがありませんでした。

こうして喜びから遠い状態にいたときは、自分だけでなく人のことも気になり、何かと否定的な評価をしていたのです。

自分自身が人を否定し、批判しているわけですから、いつも他人からの評価に一喜一憂していましたし、思い切ったチャレンジになかなか踏み切れずにいました。

反対に、どんな自分でもいいと受け入れられている人は、他人の些細なことで心を乱さず、軽く流したり、許したりできます。心にいつも余裕があるからです。

おそれている人の特徴

人は危険を察知し、本能的に「こわい！」と思うと、その瞬間にフリーズしてしまいます。

もし突然怒られたら、身体がこわばって、緊張のあまり動けなくなってしまいますよね。そのため、軽やかに動けなかったり、身体に力が入っているなと感じたりするのは、ネガティブな感情に傾いている目安です。

言い訳がましくなるのも、おそれの特徴です。

自分がやらないこと、できないことから自分を守るためにそうなります。**言い訳をして自分を正当化するうちは、責任を取る必要も、変わる必要もないからです。**

会社を辞めてカフェを開店したい人がいるとしましょう。

それなのに、半年経っても、1年経っても、何も動かないとします。

よくよくその人の話を聞いてみると、こんなコメントが飛び出してきました。

「お金がかかる」「今の会社の人間関係を壊したくない」「会社員のほうが、お給料が安定している」「世の中が今不景気だから儲かるわけがない」「親や周りの目が気になる」「好きなことで食べていけるほど、甘くない」……これでは、実現するのにはだいぶ時間がかかりそうです。

また、恥ずかしさがあるために、本心をストレートに出せなくなることもあります。

本書の制作にあたって、20人の読者代表とオンライン座談会を実施した際、参加者全員に、「今一番こわいことと、理想の状態は何ですか？」という質問の答えを事前に考えてもらっていました。

にもかかわらず、ひとりひとりに回答してもらう段になって、ほぼ全員がシンプルに答えられなかったのです。「これをやりたい」と言いきる代わりに、前置きが長くなったのです。

こうした反応は珍しくありません。

「やりたい」という本心をストレートに口にする代わりに、望むだけの〝正当な〟理由や背景を長々と説明して、相手を説得しようとしています。

自分がこわくて一歩踏み出せていないという気持ちを分かってほしい、同情してほしい、という思いから、まわりくどい言い方になってしまうのです。

また心の深いところではやりたいことに自分はふさわしくないと考えていたり、これだけのことを望むのはお門違いだと感じています。

人は「本当にやりたいこと」は口に出すことでさえ、こわいものなのです。

現実逃避をやめる方法

あなたの人生はあなたのものです。

人生を変えたいけれど、こわいことはできるだけやりたくない。

それが本心からの思いなら、反対はしません。楽しいこと、心地良いことだけをやるのも、素敵な人生だと思います。

ただ私の実体験から言えるのは、おそれから逃げ回っていると、そのうち「逃げクセ」がついてしまうということ。

「やらない自分」や「やれない状況」を正当化していくうちに、逃げる（やめる、やらない）ことしか状況を打開できる方法はないと思い込んでしまうのです。

こうしてやらない選択をし続けてしまうと、経験もキャリアも身につかず、度胸も自信も持てないまま、1年、また1年と時間ばかりが過ぎていってしまいます。

「逃げクセ」をやめたい、ともしあなたが切に願うなら。「現実逃避」をやめるためには、実は「逃げる」ことそのものにアプローチしてはいけません。

なぜかというと、逃げクセがある人は決まって、深いところで自己嫌悪しているからです。「逃げる」という言葉や行為に人一倍敏感で、「逃げてはダメだ」と強く感じているために普段は無理して頑張ることで様々なことに対応しています。が、肝心な場面でいつもの自分が顔を出し、逃げ出してしまうことを繰り返しているのです。

代わりに、「なぜ逃げるのか」を自分に問いかけてみましょう。

すると、自分と丁寧に対話するうちに、「嫌な気分を味わいたくない」という答えが出てくることでしょう。

逃げクセのある人は、「そのことをやったら、絶対に嫌な気分になる」と確信しているため、肝心な場面でやらない選択を取り続けてしまうのです。

それは「誰にも相手にされない恥ずかしさ」だったり、「本当の自分を見せたら周囲にがっかりされるという心配」だったりします。

言い方を変えれば、「嫌な気分を味わいたくない」という思いが現実逃避を繰り返す根っこにあるので、この「嫌な気分に絶対になる」という確信、思い込みにアプローチすれば状況は変わります。

私の実体験をご紹介します。

定期的に参加していたビジネス系のミーティングで、メンバーとの間にささいなことからわだかまりが生じた結果、行くのをやめてしまいました。ボランティアのため参加への強制力はないものの、それまで頻繁に参加していたこともあって、当然周囲は心配します。

復帰するタイミングを計っているうちに、他のメンバーから心配のメールが届くようになり、事がどんどん大きくなるにつれてますます腰が引けてしまいました。

気づくと、欠席するようになってから2年間も経ってしまったのです。

事の発端は、メンバーと行き違いが生じて、「その人と顔を合わせたら気まずいだろう」という「気まずさ」を避けたい気持ちから始まったのですが、定例会を欠席するうちに、「大人げない行動を取ってしまったことの自己嫌悪」「悪い評判が立っているかもしれないという不安」という新規の「嫌な気分」が追加されていき、すっかり億劫になってしまっていたのでした。

そこで、「嫌な気分」に対して、アプローチすることにしました。

定例会に行けば嫌な気分になるというのは思い込みかもしれないし、事実そうなったとしても、ごく一時的な感情に過ぎないはず。また、現実逃避しつつも頭の片隅で「そろそろ行かなきゃ」と気に病んでいるほうが嫌な気分だなと思い直し、一念発起。まずはわだかまりのあった人にコンタクトを取り、その後、周囲の力を借りつつ、復帰に向けて動き出すことができました。

久しぶりに会合へ行ってみると、気まずいのは一瞬のこと。周囲が温かく迎えてくれた上、飲み会までセッティングしてくれ、帰り道には「勇気を出して行ってよかった」としみじみと実感することになりました。

以来、この会合には以前よりもずっと楽しく、積極的に参加しています！

おそれは否定するほど大きくなる

おそれには、否定すればするほど大きくなるという特徴があります。

そのため、ネガティブな感情を「認めない」「無視する」ことで乗り越えようとするのはやめましょう。**「認めない」「無視する」ことで手に入れた一時的な心の安定は、本当の安定とは言えないからです。**

プレゼンや発表などいざというときに緊張してしまうのに、動揺を隠して無理に笑顔をつくり頑張ろうとすると、さらに力を入れてしまいますよね。

結果、無理をしていることが聞いている人にも伝わって、なんとなく場の雰囲気全体が緊張感に満ちてしまいます。

そういうときこそ、素直に認めるのが一番。

おそれは否定すればするほど大きくなりますが、逆に認めると、急に小さくなっていくからです。

「今実は、すごく緊張しています」と、こわがっている自分を認めて人に正直に打ち明けることで、かえって場が和むこともあります。場が和めば、震えるほどの緊張もだいぶ楽になるかもしれません。

おそれを感じる理由

ではここで、人がおそれを感じる代表的な理由をご紹介しましょう。

① 苦手意識があるから

苦手意識があるからこわい、というのには「自分はできないに違いない」という思い込みから食わず嫌いになっているケースもあれば、過去の失敗体験から苦手意識を持っているケースもあります。

前者は「セルフイメージ」に関わる項目で後述するとして、後者の具体例をご紹介します。

人前で話すのが苦手なDさんがいるとします。

彼が苦手になった直接の体験は、小学校時代にさかのぼります。

学芸会でセリフを忘れてしまって、パニックから頭が真っ白に。舞台上で立ち尽くす姿をクラスメイトに笑われ、しばらくの間、からかわれてしまったのです。

何十年も前の失敗にもかかわらず、当時の恥ずかしさ、自己嫌悪は強烈で、「人前に立つと、頭が真っ白になって失敗する」とすっかり苦手意識が出来上がってしまいました。

そのため、大人になっても会議やプレゼンなど、多くの人が自分に視線を向けている状態になると、当時の感情がフラッシュバックして、本来の実力を上手に発揮できなくなってしまいます。

では、苦手意識のあるものをそのままにすればいいかというと、私の考えは少し違います。

苦手意識のあるものこそ、実はその人の隠れた才能や、まだ自分で発見していない強みだったりすることがあるからです。

例えば先ほどのDさんは、子どもの頃の失敗体験がきっかけで、人前で話すことが大の苦手になってしまいました。

そして社会人になって会議やプレゼン、営業など、どうしても人前で話す場面に遭遇するたびにはじめのうちは失敗続きでしたが、少しずつ話し方を研究したり、緊張せずに自然体で人と接するためのメンタルトレーニングをしたりと、苦手意識を克服する努力を積み重ねてきました。

そのうち、ひとつ、またひとつと成功体験を重ねられるようになり、いつしか同僚に、「プレゼンの方法を教えてほしい」「説得力のある話し方を伝授してほしい」と頼られるように。

そして今、Dさんは話し方の講師として、全国をセミナーや講演会で飛び回りながら、著書も出版して大人気です。……これはあくまでつくり話ですが、苦手意識があったからこそ、克服する過程で学んだ知識や経験を人への指導に生かすようになった人は本当にたくさんいます。

そもそも私たちは、経験と感動、そして成長をするために生まれてきています。

ＲＰＧゲームの主人公のように、私たちは様々な経験を積んでレベルアップしていくものですし、最初からうまくやれないからこそ、創意工夫を重ねて成長していきます。課題をやり遂げるのに苦労した分だけ、感動も大きいものです。

そのため、**課題として設定しているのが「苦手なこと」「こわいこと」なのです。**

もしあなたが生まれながらに、すごくお金持ちで容姿にもパートナーにも人間関係にも恵まれていて、何の苦手なことも苦労もない人生だったとしたら、どんな成長ができるというのでしょうか。

そのような人が、ブログや講演会、出版などを通して、人に勇気と感動を与えられるでしょうか？

苦手だったからこそ成長があるし、「あの人ができたなら私にもできる」と、人に希望を与えられるのです。

② 社会のおそれと自分のおそれを混同しているから

両親や周囲の大人、友達など身近な人間関係に次ぐ影響力を持つのは、メディアや世間の〝常識〟です。

著名人や専門家のコメント、メディアでの報道や世間の空気、世論調査のデータは、「こうあるべき」「平均値からはみ出してはいけない」と、見る人を思い込ませてしまいます。

中でも結婚は、最たる例ではないでしょうか。

〝結婚適齢期〟を目前にすると、特に女性は結婚に焦り出します。

婚活のために結婚相談所に行っても、年齢がネックと言われ、なかなか思うような出会いがないと嘆く人も多くいます。「○歳以上になったら、結婚できる確率はわずか○％」というデータに落ち込み、すっかり自信をなくしてしまった女性にも、何人も会ったことがあります。

私は本書を書いている２０２０年現在結婚をしていませんが、結婚していないことを負い目に感じることもなければ、これから先結婚ができないと悲観もしていません。結婚はそれぞれに適齢期があると思いますし、椅子取りゲームでも、競争でもないので、自然なタイミングで結婚するとき、隣にぴったりのパートナーがいるだろうと考えています。

子どもに関しても、40歳を過ぎても授かるときは授かるし、そうでなくてもそれも含めて自分の人生を愛そうと思っています。

なぜなら、世間やメディアからの影響を受けておらず、「人は人、私は私」と、自分の人生のタイミングや選択に対して信頼を置いているからです。

結婚したくて婚活を頑張っているのに、何年経っても結果が出ない女性がいるとします。本人はとても苦しいでしょうし、自信を失ってもおかしくないでしょう。

こうした状況になるひとつの理由として、「結婚したくて婚活している」という行動が、実は本心からではないからということがあります。

世間体を気にして周囲からのプレッシャーから結婚という形をとろうと急いでいるだけで、本心では独身のほうが気楽だと感じていたり、そもそも結婚に対して幸せなイメージを持てていなかったり、「自分は誰かに選ばれるような女性ではない」と深いところではあきらめていたりするのです。

どんな理由であれ、内心では結婚を望んでいないので、「婚活」というアクセルと「望まない」というブレーキ両方を踏んでいる状態にいます。

この場合、車は正しく進みませんから、結婚という結果にはつながりにくいでしょう。

彼女たちの問題は、「結婚へのおそれ」ではなく、むしろ、「世間へのおそれ」なのです。結婚適齢期を過ぎたら女性の価値は大きく下がる、結婚してこそ一人前という風潮を気にして、自分も結婚しないといけないと思い込んでいるのです。

結婚しなければ自分には価値がない、周囲に顔向けができない。まずはその思い込みを取り払う必要があります。

③ それだけ自分にとって価値あるものだから

1
おそれの正体

人生相談チャンネルをやっていると、毎日のように様々なお悩みに接します。人間関係やお金、健康、仕事というような典型的な悩みに加えて、最近ではSNSで発信する人が増えてきて、自己承認欲求が満たされない、自分の価値が分からない、認められないという苦しみも増えてきているように感じます。

悩むポイントは、言い換えれば、その人が価値を置いている部分とも言えるのです。

カナさんは、都内の医院で忙しく働く傍ら、ブログで文章を書いて発信しています。最近赤ちゃんが生まれてますます多忙にもかかわらず、プロの書き手になるための文章講座にも通い、熱心に書くことと向き合ってきました。

しかしながら、とある理由で一度ブログのアカウントをつくり直してからというもの、以前のように読者が伸びないことに悩んでいました。

とても真面目な彼女にとっては、こうして悩む自分も現在の状況もなかなか受け入れられないようでしたが、SNSでの発信について悩むのは、それだけ自分にとって大切で価値があるものだからという考え方に触れた途端、だいぶ力が抜け、楽になれたようです。

カナさんに限らず、ＳＮＳで思うように結果が出ないと苦しむのは、自分の書く文章や写真で誰かの役に立ちたいと本気で願っているからこそ。

このように解釈できたら、だいぶ気持ちが楽になりませんか？

「こわいことは、自分にとってそれだけかけがえのないものなんだ」と腑に落ちたら、苦しんだり悩んだりする一生懸命な自分が、ちょっと愛おしく思えるかもしれませんね。

逆説的ですが、悩む自分を肯定できたとき、おそれが消えてしまうことはよくあります。

④ ネガティブな状態がデフォルト設定になっているから

知人にとてもこわがりな人がいます。お金のことや夫婦関係、キャリアのことなどでたびたび連絡をくれるのですが、親身になって相談に乗っても、しばらくすると似たような悩みを再び持ちかけてきます。

とても素敵な方ですし、長年お世話になっているので冷たくあしらうわけにはいきませんが、長文のメッセージを送りつけられるのが続くと、うんざりしてしまうこともあります。

彼のように悩んでいる状態が長く続いているという人は、「悩んでいる自分」がデフォルト設定になっていないか、それが習慣化してしまっていないか、よく考えてみるといいかもしれません。

「不安」「葛藤」などのおそれの状態に長くいすぎてしまって、他の状態との「接続ポイント」を見失っています。おそれがパーッと晴れて、イキイキと動き出せる状態に自分がなれる可能性が、まったく見えていないのです。

こうした人は、少しずつおそれを手放して、自分のエネルギー状態を変えていかなければいけません。

変える方法は129ページから詳しく書きますが、最もシンプルな方法は、目の前の小さなことをうんと楽しみ、「喜び」「ワクワク」「幸せ」といった、愛の感情を少しずつ、少しずつ感じていく練習をすることです。

どんなにネガティブな状態に長くいたとしても、3ヶ月間あれば、愛の感情の状態にシフトできると保証します。

また、耳の痛い言い方になりますが、ネガティブな状態がデフォルト設定になっている人にとって、悩んでいる状態は実は都合が良いのです。

落ち込んでいれば人に優しくしてもらえるし、助けてもらいやすいでしょう。そして葛藤したりウジウジしたりする限り、前に進まなくていいのですから責任を取らなくてもいい。

ネガティブな状態を使って、人生を都合よく止めているわけです。

5 セルフイメージと合っていないから

誰とつき合うのか、何を着るのか、食べるのか。人は知らず知らずのうちに、それらが自分にふさわしいかどうかを測っています。

人間関係も、住む家も、パートナーも、仕事も、ありとあらゆるすべてのことにおいてです。

深い部分で「ふさわしい」と思えば受け取れるし、そうでなければ、どんなに切望しても受け取ることはできません。

憧れの人からお誘いがあったとしても、「この人に自分はふさわしくない」と感じてしまえば、言い訳をつくって断ってしまうか、仕事など突発的な予定が入って会わずに済む状況をつくるか（本人にとっては無意識の行動）、たとえ会っても緊張しすぎてしまって、長期的な関係を育むことは難しいでしょう。

自分のセルフイメージが低いと、理想の状態が訪れそうになっても素直に受け取れないのです。理想は憧れるものであって、手に入るものではないと思っているからです。

自分のセルフイメージを知るには、具体的な「行動」をよく見てください。

例えば自分が話す言葉は、「自分が自分のことを本心ではどう感じているか」をよく表しています。

「私なんか」とか「とんでもないです」という言葉を、必要以上に使いすぎていないでしょうか。褒められると、妙にソワソワしたり、居心地が悪くなっていませんか。

謙虚さやひかえめな態度は適度な分にはいいですが、自己卑下するほどであれば要注意です。自分を低く見せることで同情や共感をもらおうとしているか、嫉妬を回避しようとしているか、ありのままの自然体な自分を表現することをおそれています。

また、女性の皆さんの中には、自宅から出かけるときに慌ててストッキングを破ってしまったという経験はありませんか。

想像してみてください。靴を履いていれば見えない程度のストッキングのほつれだとします。

もし、あなたが高いセルフイメージの持ち主だとしたら、「破れたストッキングを履いている自分」というのが気持ち悪くて、履き替えるなり、新しいストッキングを買ってくるなりするはずです。

人間というのは不思議なもので、ポジティブであれ、ネガティブであれ、セルフイメージに合わないことは一様に心地悪く感じられるのです。

すごく経済的に恵まれている、ポルシェを乗り回しているようなお金持ちの人が、ある日倒産して無一文になったとします。

その人にとって、「お金がある」という状態が当たり前だったとしたら、「お金がない」という状態は心地悪いでしょう。

すると、その人は何とかして新しい事業を仕掛けるなどして、経済的な成功へと、再び自分を持っていきます。失敗して破産しても、また資産ウン億円へと、不死鳥のように蘇る彼らは、「お金がある状態」が自分にはふさわしいという強いセルフイメージを持ち続けているからです。

反対に、お金がある状態が居心地悪いという人もいます。

宝くじがとてもわかりやすい例で、最近も『宝くじで1億円当たった人の末路』(鈴木信行著・日経BP社刊)というタイトルの本がベストセラーになりました。

「お金がほしい」という状態に慣れてしまっていた人がいきなり1億円という大金を手にすると、意識の深いところではこのような大金に自分はふさわしくないと感じることがあります。すると、このままでは居心地が悪いために、せっかくの大金をパーッと使い切って、再び元の「お金がない」という状態に戻ってしまうのです。

あるいは、その人自身は堅実で節約家でも、なぜか浪費家タイプの人を伴侶に選んだり、急にお金が必要な状況に陥ったりして、せっかく当たったお金を湯水のように使ってしまう状況を引き寄せたりします。

このように、良くも悪くも人は必ず、その人にとって居心地のいい場所に戻っていきます。

⑥ 成功することを知っているから

「最悪の状態」が居心地が悪いのは当たり前に思えるかもしれませんが、実は「最高の状態」というのも居心地が悪いものなのです。

できるだけリアルに、ありありと想像してみてください。

もし、あなたの才能が最大限に開花したら、どんな人生になると思いますか？

ものすごく人気者になっちゃう、ものすごくお金を稼いじゃう、ものすごく憧れの人に囲まれちゃう、何の問題もない幸せで豊かな家庭が手に入っちゃう……。

最大限に才能を輝かせ、成功しているあなた。

その隣には、誰がいますか？

どんな友人に囲まれているでしょうか？

住んでいる家は？　どんな洋服を着て、どのような暮らしをしていますか？

痩せてすごく魅力的になったら、周囲からの扱いや見る目も変わってしまうかもしれません。

人前で話す才能を発揮すると、大変な売れっ子になって、世間の注目を浴びるかもしれません。お金がどんどん入ってきて、住む家も暮らしぶりも上がる一方です。

想像の中にいるあなたはきっと、これまで慣れ親しんでいた現在の場所を離れて、まったく違う世界を生きていることでしょう。

その変化をすべて、今のあなたは受け止めることはできますか？

私にはそんな価値はない、と押し返すのではなく、最高の幸せを得て当たり前だと、心の底から思える準備はできているでしょうか？

また、あなたの状況が変わるにつれ、現在の人間関係にも影響が及ぶことがあります。

家族や友人など大切な人たちを全員、新しい世界へ引き連れていけたらいいですが、誰かが飛び抜けてうまくいくとき、自分だけが突出していく場合もあります。

これまで仲のよかった友達から嫉妬されるかもしれないし、ラブラブだった配偶者や恋人との力学が変わって、結果離れてしまうかもしれません。親の人生を超えてしまったらどうしようという心配が出てくる人もいるでしょう。

自分が輝くことで、大切な周りの人たちとの関係性が変わる可能性を危惧してしまうのは、周囲に気を使う、自分よりも他人を優先しがちな人に見られる傾向です。

もちろん、こうした人間関係の変化が起きるとは限らないですし、大切な人たちと一緒に、輝かしい世界へ行くのが一番素敵なことです。未来は分かりません。

ここでは、いざ成功しそうになると人は無意識にブレーキを踏むこともある、ということを覚えていてください。

②

おそれを活用する

感情に振り回される私たち

人は、一日をほぼ感情的に反応しながら過ごしています。

美味しいものを食べて「幸せ」、上司から褒められて「嬉しい」、夫に小言を言われて「イライラ」、SNSでネガティブなコメントをもらって「落ち込んだ」……。

感情を押し殺している人や瞑想などで気持ちをメンテナンスしている人でない限り、日常のちょっとしたことで気分が揺れがちです。

ネガティブな感情は、強い反応を引き起こすことがあります。

中でも「怒り」のパワーは凄まじいものです。

駅のホームで見知らぬ者同士で激しく言い合いをしているサラリーマンの男性や、街中で子どもを厳しく叱責するお母さんを見たことのある人もいるでしょう。我を忘れて恋人に食ってかかったり、親にキレたりする人もいます。

こうした怒りの矛先は、見知らぬ他人であれ、配偶者であれ、目下の人であれ、無意識に「甘えられる人」に向けられています。

けれども「怒り」との違いは、怒っている人は怒鳴ったり喧嘩したりして行動が「外」に向かっていて、こわがっている人は怯えたり躊躇したりして行動が「内」にこもってしまっています。

「こわい」という感情も、強烈です。

つまり、動きが止まって何もできなくなる、という状態です。

ブログを始める、こわい。起業する、こわい。そのことを話したり考えたりするだけで「こわい」と反応して、動きが止まってしまう。

こうして様々な感情に振り回されることのないように、次の項目で感情を整理する方法をマスターしていきましょう。

感情を整理するための「ひとりトーク」

誰かに大切なお願いをするとき、「断られるかもしれない」とこわくなることがあります。

「こわい」と感じたら、それはただの感情的な反応に過ぎないことを思い出してください。そして、自分の中で何が起こっているのかを、「ひとりトーク」をしながら分解していきます。

「断られるかもしれない」
「断られたらきっと傷つくだろう」
「これはただの感情的な反応だったな」
「傷つきたくないから、最悪の結果を先に想像しているだけだ」
「感じているこわさは、**無価値感**なんだ」

「相手が断るのは、私のことを嫌っているせい、大切にされていないからだと感じているんだ」

「そもそも、断られると決め付けているのは自分だ」

「相手の都合が合わないからといって、個人的に捉える必要はない」

「結果は分からないけれど、お願いしてみよう」

と、自分自身と対話しながら、少しずつ心を整理していくのです。

すると次第に、

「断るかどうかは（自分が決め付けるのではなく）相手が決めることだ」

「単に忙しいという理由で断られても、自分の人間性とは何も関係ない」

「もしダメなら別の人を探せばいい」

というように、落ち着いて状況を見ることができ、こわさも小さくなっていきます。


ひとりトークでのポイントは、感情を特定することです。

先の事例で言えば、「無価値感」。

自分のお願いが通らないこと、相手が断るということを、「嫌われた」「大切にされていない」と解釈し、ネガティブに反応していたことが分かりました。

深いところで自分に自信がないため、断られるということは、相手が要望に応えてくれるだけの価値が自分にないと信じていたのです。

つまり、**「無価値感」を感じたくないから、お願いする前から「断られるに違いない」と先んじて構えたり、最悪の結果を思い描いていたわけです。**

感じていたのは「無価値感」だったと分かれば、「なぜ、私は自分に価値がないと信じているんだろう」「どうしたら、自分の価値を認められるだろうか」と、さらにもう一歩踏み込んだ自己対話ができます。

参考として、「おそれ」カテゴリーに入るネガティブな感情をご紹介します。

この感情リストを見ながら、今どの感情を感じているのか、ひとりトークで特定していきましょう。

はじめのうちは特定しにくいかもしれませんが、おそれを感じるたびに向き合うことをクセづけていくと、そのうちやりやすくなります。

慣れてくれば、かかるのはほんの数秒です。

「おそれ」カテゴリーの感情リスト

絶望感　無気力　自己嫌悪　自己否定　無価値感　不安　おそれ　憎悪　復讐心
嫌悪　悲しみ　憎しみ　虚しさ　切なさ　寂しさ　怒り　心配　不満　イライラ
ストレス　投げやり　拗ね　自己不信　疑い　戸惑い　悲観　退屈　飽き飽き
恥ずかしい　呆れ　我慢　落胆　失望　自責　挫折感　激怒　嫉妬　罪悪感　憂鬱

おそれは玉ねぎの皮のようなもの

おそれの感情は、ひとつの物事に対してひとつだけある、というわけではありません。

たいていの場合、おそれは数珠のように連なっています。

リカさんは、ブログでも人気のメンタルコーチ。優しい雰囲気で、普段はおしゃべり好きですが、プレゼンや結婚式のスピーチなど大人数の前で話すのが苦手だそう。クライアントさんと日々向き合い、話すことに慣れているはずの彼女も、自分のことを知らない不特定多数の人の前だと上手に話す自信が持てず、ひどく緊張してしまうのが悩みでした。

苦手を克服するため、スピーチの練習をして話し方を習得。ところが、同じ場面でまたこわさが出てきます。やっと、「まだ人前には出られない」と感じる他のおそれがあることに気づきました。

そこで「ひとりトーク」にじっくりと時間をかけたところ、次々におそれを発見できました。「自分の声に自信がない」「人前に立つほどの容姿ではない」「否定されたら嫌だ」というように、不特定多数の人から見られる場面で決まって「不安」「自己嫌悪」を感じるパターンに気づいたのです。

ひとつの物事に数珠つなぎになっているおそれを全部特定したと思っても、また別のおそれが出てくることがあります。

おそれは玉ねぎの皮のようなもので、一枚めくると（おそれを手放すと）もう一枚（より深いおそれ）姿を現すことがあるからです。

何枚めくっても次のおそれが顔を出して、いつまで続くの？　とうんざりすることもあるでしょう。

はっきり言って、おそれを手放す作業はしんどいものです。

地道にコツコツと取り組み続けるだけの根気強さと、絶対に最高の人生をあきらめないという強い意志、そしてどんなに強いおそれが湧いても直視するだけの正直さが必要です。

途中で投げ出したくなる衝動に駆られる日も、きっとあります。

２００９年にはすでにメンターから感情について教わっていた当時の私は、会社の仕事で忙しく、また独立後は多忙な日々を言い訳に、心を整える時間を持たずに過ごしてきました。

けれどもこのままじゃいけないと気づいて、２０１６年、自分の感情と向き合いおそれを手放す作業をスタートしたのです。

……ですが、すぐに壁にぶつかってしまいました。

おそれを感じる場面が日常に多すぎて、ノートに大量の「こわいこと」リストが！ひとつひとつ「ひとりトーク」をしていくにも、膨大な時間がかかることがすぐに分かったのです。

イライラ、不満、自己嫌悪……どれだけ無自覚なままにネガティブ感情で過ごしてきたのか、自分と向き合うことを意識し始めてようやく痛感したのでした。

2017年にSNSから離脱し、最優先事項は「おそれの手放し」に決めました。ちょうどそれまでの仕事や人間関係を整理し、これから何をやろうかと考える「踊り場の時期」に差し掛かっていたこともあって、慌てて仕事を始めずに、ほぼすべての時間を自分と、自分の感情に向き合う覚悟を決めたのです。

朝から晩まで、瞑想をしたり、ひとりトークをしたり、（後述する）ひとり合宿や感謝ノート書きをしたりと、自分の内側を観察する日々を過ごすことにより、どんどん生きるのが楽になりました。そのうちおそれの仕組みや構造が分かるようになってきて、本書の執筆に至っています。

徹底的におそれを手放してきた私が断言できるのは、次々におそれが出てくるのは決して落胆するものではなく、むしろ歓迎するものだということです！

なぜなら、新しいおそれを見つけたとしたら、それは自分が進んでいる証拠だからです。終わりが見えないおそれの手放しにうんざりして、なんでこんなことをやっているんだろう、とバカらしくなるときもあるでしょう。成長している実感がなく、無意味なことに時間を費やしていると感じることもあるかもしれません。

螺旋（らせん）階段を思い浮かべてください。

上から見たら、まるで同じ場所をぐるぐる回っているように見えるかもしれませんが、横から見たら、着実にステージは上がっています。

次の一枚（より深いおそれ）に取り組むことによって、皆さんの喜びもより深くなり、人生もよりパワフルに変容していくからです。

おそれに終わりはありません。「こわい」という感情は、生きている限り無限に出てきます。でも、避けたり戦ったりするのではなくて、**自分と丁寧に向き合って対話をし、具体的に行動していくことで、だんだんと「こわい」と感じる時間を減らすこ**

とはできます。

場合によっては乗り越えるのに何日、何ヶ月、何年もかかることもあるかもしれませんが、自分にとって大事なことであればあるほど、こわさが出てくるのは自然なこと。

ぜひ、新しいおそれを発見したら自分を褒めてください。そこに喜びを見出してほしいのです。

気づいて手放した分だけ必ず楽になり、ネガティブなエネルギーをポジティブなものへと変換し、前へ進む力が湧いてきます。根気よく続けていきましょう。

おそれの越え方

おそれの越え方には大きく分けて2つあります。

それは、「自ら飛び込む」という能動的な方法と、「時間に身を任せる」という受動的な方法です。

能動的な越え方には爆発力があって、一気にショートカットができます。時間に任せて解決するという方法が各駅停車の速度だとすると、新幹線くらいの速度で人生が進むと言ってもいいでしょう。

超ド級のこわいことをやれば、文字通り、「人生にブレイクスルー」が起きます！

とはいえ、自ら飛び込む方法には多少のリスクが伴います。

おそれの背後には苦手意識や無意識レベルのネガティブな思い込みがある以上、それらを無視したまま行動すると、結局失敗したり痛い目に遭ったりして、さらにネガティブな思い込みは真実なのだという〝勘違い〟を強めてしまうかもしれません。

一方、時間に身を任せているだけでは、あっという間に時間が経ってしまいます。おそれは私たちができるだけ感じたくない不快な感情なので、逃げ続けていくうちに1年経つのはあっという間です。

実際、数年や10年単位が過ぎることもザラにあります。

そこで本書が提案するのは、両方の越え方をハイブリッドした、**「小さなおそれか**

ら試しながら、積極的にタイミングを待つ」方法です。

やればできると感じられる程度のこわいことから慣らしていって、時間とともに自信や経験をつけながら、本命のこわいことをベストなタイミングで実行するやり方です。

この方法に「勇気」は必要ありません。

それよりも、「きっと大丈夫」と自然と自分の内側で感じられる「ポジティブな確信」が必要です。その確信を起こすために、小さなおそれを乗り越えながら、意識がポジティブに振れるまで積極的に待つことが大切なのです。

そもそも勇気は、おそれがある人に必要な感情です。

「不安」「自信のなさ」「心配」などのネガティブな感情が、「覚悟を決めなくては」「勇気を振り絞ろう」という気持ちを起こさせます。

望まない感情を払拭するために取る行動が、勇気ある行動の正体なのです。旅行先から帰宅するのに、あなたは勇気を必要としませんね。当然できること、できると分かっていることは、人は勇気を出さなくても軽々とできてしまえるからです。

「小さなおそれから試しながら、積極的にタイミングを待つ」方法は、いきなり高度数千メートルの空からスカイダイビングで飛ぶのではなく、最初はジェットコースター、フリーフォールなど安全バーのある乗り物から慣らしていって、パラセイリング、気球、バンジージャンプと徐々にこわさのレベルを上げていくようなものです。

スカイダイビングで飛ぶ頃には、だいぶこわさに慣れている状態のはず。

自分ならできる、大丈夫。そうした安心感や信頼を伴った〝真の確信〟が、本当にこわいこと（本命のおそれ）を乗り越える準備ができたよ、というシグナルなのです。

苦手な人にこそカギがある

苦手な人、嫌いな人と聞いて思い浮かぶ人はいますか？

仕事相手や友人、近所の人やママ友など……。

何だかソリが合わない、調子が狂う。

話し方がどうも苦手。
見た目や雰囲気がこわくて近づき難い。
上から目線の態度が鼻につく。
オドオドしていてどうもイライラする。
あまり興味が持てない。
その人のことを思うとソワソワする。
グループでは会えるけれど、個人的にはあまり話したいと思えない。
最低限のコミュニケーションしか取りたくない。
なぜか向こうから自分に近寄ってくる。

世の中には色んな人がいるのですから、中には苦手だな、嫌だな、という人がいてもおかしくありませんし、そういう人とはできるだけ距離を取って関わりを持ちたくないと思うのも自然なことです。
でも、もしその苦手な人、嫌な人が、あなたの人生を動かすカギを持っているとしたら、どうでしょう?

大前提として、誰もが自由意思を持っていますし、苦手な人や嫌な人にどうしても関わらないとダメ、なんてことはありません。

それでも私の経験からお伝えしたいのです。振り返ってみると、人生の転機と呼べるような出来事、その後につながるチャンスをくれた人の中には、苦手な人や第一印象があまり良くなかった人が含まれていることを。いっそのこと、嫌な気持ちを受けた人ほど、転じて素晴らしいご縁になったと断言してもいいくらいです。

魅力的なチャンスは、必ずしもあなたにとって魅力的な人や理想的な出来事からのみ運ばれるわけではありません。

興味を持てない人やすごく苦手な人が、人生を変えるビッグチャンスをもたらしてくれるかもしれない。そう思うと、グッと世界が広がる気がしませんか。

だからこそ、普段から人間関係を選別する傾向がある人は要注意です。

実は大きなチャンスを、知らず知らずのうちに逃しているかもしれません。

巷(ちまた)で言われがちな「好きな人とだけつき合おう」「気が乗らないことはやめよう」という主張に対しても、個人的には違和感を覚えます（もちろん人それぞれなので、何を選んでもいいのですが)。シンプルに、もったいないと思うからです。

「嫌だ」という心の声に従って好きな人とだけつき合い、やりたいことだけをやるのは簡単で、心地良くて当たり前です。でもそんなことをしてばかりいては、同じ世界に留まるだけ。

気が合う人もいれば、合わない人もいる、その多様性やグラデーションを経験することで、私たちは様々な気づきを得て成長していくことができるのではないでしょうか。

グズグズするのは情報収集中だから

ではここで、なぜか苦手意識を感じて遠ざけていた人と交流を持ったことで、私の人生が動いた実体験をシェアしたいと思います。

様々な人から紹介したいと言われていた、ひとりの男性がいました。

私は初対面の人でもピンとくれば自分から会いに行きますし、人から誘われる集まりや「会ってみない？」と紹介される人には、時間が許す限り会うようにしています。

でもなぜか、この男性に会うのは気が進みません。その人のホームページを見るだけで、嫌悪感を感じてブラウザをすぐ閉じてしまうほど。すすめてくる友人にも、「その人は何か嫌な感じがするから、つき合わないほうがいいよ」と、思わず余計なお世話を焼きたくなるほどでした（もちろん、口出しはしていません）。

おまけに、周囲のすすめにとうとう折れて会う予定だった日、地方出張が入ったり、台風が来たりして結局会えずじまいになったのです。

ここではじめて、その人に会う気がしない理由や強烈な嫌悪感に向き合うことにしました。


「性格が合わない」「会話が噛み合わない」というようなはっきりした理由ではなく、相手のことを知っていても、知らなくても、特にこれといった理由がないのに気が進まず嫌な感じがするとき。

「気が進まない」という抵抗感も、一種の「おそれ」です。

って何か大事なことが関係している可能性が高いのです。

こうしたときは、理由を考えても納得のいく答えは出ません。

特にまだ相手と会っていなかったり、よく知らなかったりする場合は尚更です。

なので、無理して会うことも断ることもせず、時間に任せてみることにしました。

普段通りの生活をしながら、「こわいことリスト」にリストアップしたことを、ひとつひとつ実行していきました。

例えば、九州地域への集中豪雨災害をニュースで見て、何かできることはないかとオンラインのチャリティーセミナー開催を思いついたことです。これまで被災地のために募金をしたり、物資を送ったりすることはあっても、自分発で外に働きかけたことはなかったので、思い切ってやってみることにしました。

そこでＺｏｏｍを使っての、オンライングループコンサルティングを企画。仕事や独立の相談、ＳＮＳでの発信やブランディングまで、人生相談を含めた様々な質問に答えていくことにしました。

流れるような筆文字を書ける人に

さらさらと書く ひらがな万葉集 workbook

国分佳代　B5判ソフトカバー●1,700円

なぞり書きできる「ひらがな練習帳」。
コツをつかめば、手紙も書けるようになります。

ひらがなにした万葉集を、なぞり書きできる練習帳。ひらがなは日本で生まれた文字であり、その丸みや曲線の美しさは格別です。「五七五七七」のリズムで文字の緩急を習得してコツをつかめば、一筆せんや手紙なども筆でさらさらと書けるようになります。また、万葉歌の解説付きなので、読み物としてのおもしろさも。四季の情景が浮かぶ歌を中心に、せつない恋心や生きることの本質を詠んだ歌など——『万葉集』の多面性を感じながら、気持ちよく筆を運んでみましょう。

遠距離の実家を早めに処分したことで家族みんなが幸せに！

両親が元気なうちに“実家じまい”はじめました。

大井あゆみ［文］　**二平瑞樹**［漫画］　A5判ソフトカバー●1,500円

“実家じまい”を済ませるまでを漫画で描くほか、
実用情報をまとめたコラムも充実。

実家を処分し、利便性のいいコンパクトな住まいに両親が住み替えたことで、実家の片付け問題、遠距離介護問題、高齢者ドライバー問題、お墓の問題etc.を一気に解消した一家の実話コミックエッセイ。実例だからわかるノウハウが満載。子供が継がない、高齢親が住みづらい、遠距離で介護しにくい……ひとつでもあなたの実家が当てはまったら、何が家族にとっての幸せなのかを考え、その選択肢のひとつに“実家じまい”を検討してみませんか？

お問い合わせ：光文社ノンフィクション編集部 tel.03-5395-8172　non@kobunsha.com
商品が店頭にない場合は、書店にご注文ください。
※表示価格は本体価格（税別）です。

光文社ノンフィクション編集部の好評既刊

国際弁護士と「ほめ育」コンサルタントが徹底議論！

日本人の自信を取り戻す「ほめる力」

ケント・ギルバート
原邦雄

四六判ソフトカバー●1,400円

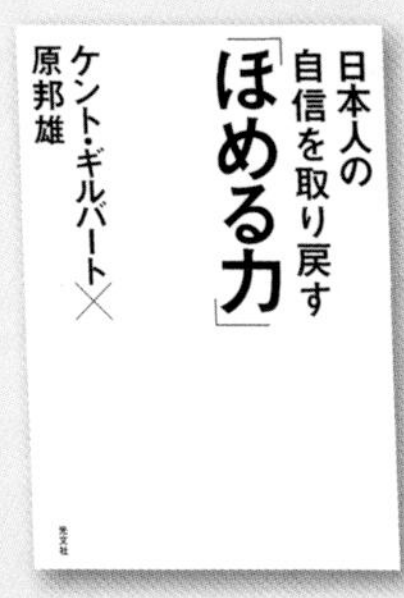

圧倒的「ほめられ不足」の日本人が知るべき、“本当の”自信と誇りの身に着け方とは。

「日本の皆さんに『減点主義』をやめて『加点主義』に切り替えることを強く訴えたい」と語る日本愛に満ち溢れた国際弁護士のケント・ギルバート。「現在の日本人には、決定的に自信が欠けています。それは、『ほめ合う文化』がないためです」と語る国内外で活躍する「ほめ育」コンサルタントの原邦雄。日本人の自信のなさを憂う二人が、未来を生き抜くうえで必須の「力強い自信」について徹底議論。「自信」を手に入れるための、正しい知識と方策が詰まった一冊です。

面(ジャケ)食い

久住昌之

四六判ソフトカバー●1,500円

原作者による、リアル『孤独のグルメ』！

『孤独のグルメ』『食の軍師』など、数々の人気漫画・ドラマの原作者・久住昌之自身が積み重ねてきた『孤独のグルメ』がここにある。バンド活動に夢中だった1970～1980年代、ネットもYou Tubeもなかった頃、未知のレコードは、『勘』に頼って買うしかなかった。そして今、美食情報過多の時代にあっても、依然として著者の初めての店選びは「勝負」である。グルメサイトや口コミに頼らず己の勘だけを頼りに店に入って食べることを、懐かしいレコードジャケットへの愛を込めて『面（ジャケ）食い』と名付けた。クスッと笑えるエピソードの数々、和泉晴紀のシブいイラスト満載、カバーや掲載写真にも遊び心がたっぷり仕込まれた、久住ファン必携の一冊！

イベントページ作成、ブログでの告知、当日の開催まですべてひとりでこなすのはちょっぴりこわかったですし、当初予定していた参加人数を下回ったことにはじめはがっかりもしたのですが、「こわいことをやることに意味がある」とすぐに気を取り直した結果、参加者の方にとても喜んでもらえ、幾ばくかの寄付もできたのです。

九州の自治体に寄付をする瞬間は想像以上の喜びと満足感があって、「こわいことをやってよかった」と心底感じました。

こうして半年以上経った頃、偶然に偶然が重なって、とあるパーティーに参加することに。そうしたら何と、会場に先ほどの苦手意識を感じていた男性がいたのです！

これも縁だと話しかけてみると、これまで感じていた理由のない抵抗感が嘘のようにすっかり意気投合。連絡先を交換して何度か会っていくうちに、その人が私の人生を動かす超重要なキーパーソンだということが分かったのです。

そこでようやく、抵抗感の理由が分かりました。

つまり、当時の私は自分の人生を動かす心の準備が整っていなかったため、無意識に「気が進まない」と抵抗感を感じることで、（人生が動かないよう）ブレーキをかけて

いたのです。

すぐに決められない、動けないというように、あなたがグズグズするとき。

こうした期間は、「今は情報収集中なんだ」と思ってください。

いわば、意識レベルで腑に落ちるための準備期間なのです。

自分にGOサインを出すことまでは決めているけれど、そのためには十分な情報を集めてからという風に、無意識で最適なタイミングを計っています。

準備期間中には、誰かと会ったり、普段通りに仕事をしたり、こわいことをやるという直接的な行動だけでなく、寝ている時間や考え事をするような何気ない日常の時間も含まれます。

勇気が出ないのではなくて、グズグズしながら未来のために情報収集をしているのだと思うと、少し楽になれるはず。

そうした時間を経ることで、必ずある日、吹っ切れたように動けるときがきます。

確信は、大きな行動を起こす

今から10年前、会社を辞めると決意してから実際に退職するまで1年8ヶ月かかったときの話です。

一度きりの人生、やりたいように生きようと決意したものの、サラリーマンしか経験のない当時の私にとって、独立して自活することは未知でこわい世界でしかありません。しかも、私は大のこわがりときています。

「自分に果たしてできるだろうか」「お金を稼げるか不安でしょうがない」と疑い始めると矢継ぎ早に不安要素が頭に浮かんで、決意が揺らぎそうになった夜は数え切れないほど。パニックになりかけて、深夜2時、信頼する友人に電話でなだめてもらうこともありました。

臆病な私が大きな行動を起こすためには、「もう大丈夫」と確信が持てるようになるまで行動するしかないと思い、「マイルール」という行動目標を設定。
「会社に在籍している間に3000人の新しい人に会う」「これからの仕事やメンタル面をサポートしてくれるメンターを見つける」「経営者に会って成功体験と失敗体験を集めて分析する」「講座に通って強みや才能を見つける」など、できることから実行に移すことで、少しずつ自信や経験をつけていきました。

平日の日中は会社で業務をこなしながら、仕事帰りと土日の時間を使ってひたすら人に会い、話をして、できる限りその日のうちにメールで連絡。

就業前の朝はカフェで今後の計画を立てたり、週末は講座に通って出版企画を練ったり、自分の強みや才能をひたすら掘り起こす作業をしたりと、思いつく限りの努力を重ねました。

そのうちに、着々と情報収集が意識レベルでも、また無意識レベルでも進んで、ついに現実が動く時がやってきたのです。

ある日の朝、起き抜けに「あ、今日が会社を辞める日だ！」という直感が降りてきました。心が晴れ晴れとして、久しぶりに爽やかな気持ちです。

急いでカーテンを開けたら、なんて美しいのでしょう！　雲ひとつない真っ青な夏の空に太陽が眩(まぶ)しく光り輝く、素晴らしい朝の景色が広がっていたのです。

それを見た瞬間、「準備万端、もう大丈夫」と確信しました。

出社してすぐに上司に退職願を提出。すべてのことがスムーズに進み、2ヶ月後に円満退社となったのです。

こわいことを少しずつ試しながらできることをめいっぱいやった結果、いつしか情熱がおそれを圧倒し、状況に一気に変化が起こりました。

ポジティブな確信は、何の疑いもなく100％信頼した行動を本人に取らせることができます。こうした大きな行動でさえもです。

それでは、「今だ！」と確信が持てるタイミングは、いつやってくるのでしょうか。

結論から言えば、心の準備ができている人にタイミングはやってきます。

物理的な準備をしておくことは確かに大切ですが、それよりも大切なのは心の準備です。それを忘れていると、「物理的な準備ばかりやっている」という状況になりやすいからです。

あなたの周りにもいませんか？

会社を辞めると宣言していても、貯金や人脈づくり、情報や資格の取得、セミナー通い、スキル磨きというような物理的な要素を整えるのに一生懸命な人が。

物理的な条件がいくら揃っていても、心の準備が整っていなければまだ動き出す時期ではないと言い訳ばかりしてしまって、なかなか人は一歩を踏み出そうとしないからです。

逆に、心の準備が本当に整っていれば、貯金がまったくなくても、成功する保証がなくても、周りに反対されたとしても、決めたタイミングで退職し、独立に向けて動き出すことでしょう。

理想は、物理的な準備を整えつつ、心の準備もしていくこと。こまめに自分の感情の状態をチェックしながら行動していきましょう。

おそれのメガネを外そう

つい人の顔色を窺ってしまい、本心をひた隠して人間関係をつくってきた人がいるとします。

本心を伝えることがこわいのは、言ったら相手が嫌がって離れてしまうかもしれないとおそれているからです。裏を返せば、これまで我慢を重ねてきて、本当は自分を理解してほしい、ありのままを受け入れてほしいと思っています。

もしこの人が少しずつ、できるところから本心を伝える練習をしていけば、（本心を伝えても）自分を受け入れてもらえるという成功体験によっておそれが溶かされ、ポジティブな方向に感情が解放されていくことでしょう。

すると、会社の同僚や友人、パートナーなどあらゆる人間関係が劇的に改善されるはずです。

けれども、何もしなければ元の世界に留まったまま。

「何もしない」という回避的な行動を取り続ける限り、自らがつくり出したおそれの現実に閉じ込められたままです。

本心を伝えても、受け入れてもらえない。自分のことは誰も理解してくれないし、自分をありのままにさらけ出すと人が離れていってしまう。

そうしたおそれをベースにした「勘違いの世界」が決して変えることのできない現実なのだという思い込みを、ますます強めてしまうのです。

まるで、「おそれのメガネ」をかけて世界を眺めているようなもの。

そんなものは、青空に向かって放り投げてしまいましょう。


会社員のアヤさんは、会社を辞めて好きなペースで、好きなことを仕事にするのが夢。全国で講演会をしたり、本を出したりして、幅広い人に自分の考え方を発信していきたいと思っています。

でも、今後自分が発信することは周囲や世間の人にとって意味があることなのか、とついネガティブに考えてしまいます。

ブログよりもこわいのは、Facebookでの発信。親や同僚、学生時代の同級生など自分のことを知っている人が見るSNSは、周囲の反応がこちらにも見えて抵抗感があると話していました。

私と話をしたアヤさんは、おそれの構造を理解し、思い切ってこわいことに飛び込むことに。まずは知らない人も読むブログの投稿で慣らしていって、ついに知り合いしか読まないFacebookに熱い思いの丈をぶつけてみたのです。

反応は想像以上でした。「頑張って！」「感動した！」と、次々に応援や感動のメッセージが届いたのです。震えるほどこわがっていたからこそ、嬉しい反面、何だか拍子抜けしてしまったと、ホッとした様子で報告がありました。

こわいことを決心からの行動で乗り越えたことにより、アヤさんは自信がついたようです。以来、彼女は軽やかにFacebookでの発信を続けています。

おそれに自ら飛び込んでみると、飛び込む前はあんなにこわかったのに、やってみたらまったくこわくないと分かります。

どうしてあんなにこわかったんだろうと、少し前の自分を不思議に思うくらいです。

なぜならもう、こわいと感じて閉じこもっていた場所にあなたがいないから。

そこから出たので、一段高い場所から俯瞰した視点で、かつて自分がいた場所（おそれ）を見下ろすことができるようになったのです。

おそれのメガネを外したとき、信じられないほどパワフルに生まれ変わっている自分に気づくことでしょう。文字通り、あなたの世界が変わったのです。

最悪の状態にいる人こそチャンス

おそれの感情に長く居続けると、ハッピーな状態から遠くなりすぎてしまい、愛がベースとなる感情の状態との接続ポイントを見失ってしまいます。つまり、ポジティブな世界があることを想像すらできなくなってしまうのです。

ひきこもりやうつがその代表例です。感情で言えば、最もエネルギーが低い無力感、無気力、絶望の状態に、長年固定されてしまっています。こうなると、怒ったり、悲しんだりするほどのパワーも出てきません。

では、こうした〝最悪の状態〟にいる人たちは、もう打つ手がないのでしょうか?

もちろん、答えはノー。

むしろ最悪の状態にいる人こそ、一気に変わる可能性があります！

ネガティブな状態に長くいる人は、例えてみれば、ゴムバンドを同じ方向にずっとひっぱっているようなもの。感情エネルギーを、片側（ネガティブ側）に長く溜めています。

ゴムバンドはひっぱればひっぱるほど、遠くに飛びます。

溜まりに溜まったネガティブな感情を手放したとき、そのエネルギーが反対側（ポジティブ側）に放出されるのです。ゴムバンドがギリギリとひっぱられ、手を離した瞬間に向こう側に勢いよく飛んでいくのと同じように、です。

その威力たるや、絶大なはず。

テレビでよく見かけるタレントや芸能人、小説家、芸人など、現在大活躍している人が実は元ひきこもりやうつだったケースは珍しくありません。また知人には、ひきこもりを経て起業して、当時史上最年少の上場を果たした男性もいます。

私も26歳のときに当時勤めていた会社を休職した、抑うつ状態の経験者です。

社内外のコミュニケーションを上手に取れずに人を怒らせてしまったり、早とちりして失敗を重ねてしまい、やる気はあるのに思うように仕事ができない状況に追い込まれて休職することに。

最初のうちは食事もお風呂も面倒なほど気分が落ち込み、自分の無能さを責めてばかりいました。それでも心身を休めるうちに、自分なりに頑張ったことを自分で認められるようになり、職場の人たちに対しても自然と感謝の気持ちが湧き上がるまでに回復できました。

そして半年後、無事に復職。

嬉しいことに、私のことを入社当時から気にかけてくれた上司と巡り会い、彼が担当している部署に希望通り配属に。復帰直後から大好きな小説家の担当になるというチャンスまでもらい、翌年にはチームでミリオンセラーを出し、社長賞を受賞するまでに飛躍できたのです。

3

本当に望んでいることを知ろう

心の底にある本心が実現する

私は運転免許を持っていません。これからも生涯、取ることはないでしょう。

なぜかというと、「もし私が運転したら、きっと事故に遭うだろう」と確信しているからです（苦笑）。免許は取らず、誰かに運転してもらうか、電車やタクシーなど公共交通機関を使うと決めています。

けれども、そんな決意が一度だけ揺らいだことがありました。

それは、今は亡き祖父からお古のプリウスを使わないか？　という話をもらったときです。初孫として祖父から大きな愛情を受けて育った私は、大のおじいちゃん子。「大好きなおじいちゃんのプリウスなら欲しい！」と、すぐに自動車学校に入学しました。

「きっと事故に遭うだろう」という思い込みに向き合うこともなく、勢いで申し込んでしまったのです。

結果は、散々！　確信通りのことが起こってしまいました。

初回の技能教習で、教官から「進行方向を見ろ！　手元を見るな！」「君は運転に向いていない！」とずっと怒鳴られっぱなし。完全に萎縮してしまった私が出していた速度は、なんとたった2㎞。

当然ながらほとんどの人が合格する初回の技能教習は不合格で、二度と自動車学校の敷地に足を踏み入れることはありませんでした……。

勢いで申し込む前に、本当に車の免許が必要か？　なぜ事故に遭うと確信しているのか？　そこに向き合う必要があったと反省する出来事でした。

この世界では、心の底で感じているものが実現します。

「きっと事故に遭うだろう」とネガティブな確信を持っていたからこそ良いパフォーマンスを出せなかったのだし、別の言い方をすれば、「(取得後に事故を起こさないように)免許を取るのを〝自分が〟邪魔した」とも言えるのです。

ただこの場合はネガティブな確信を自覚していたケースですが、一般的に見れば、自分の思い込みに気づいていない場合が多いでしょう。

すると、「できるはずなのに、なぜできないのか」という理由が分からず、叶えるために四苦八苦してしまいます。

肯定的な言葉を繰り返し唱えることで、潜在意識の領域にあるネガティブな思い込みを書き換えるアファメーションという手法があります。

「私は安全に車を運転できる！」と何百回も繰り返し口に出すことで、脳に「私はできる！」と刷り込みをしていく、有名な願望実現法です。

ネットで検索すると様々な人の体験談が出てきますが、アファメーションで願いが叶ったという人もいれば、叶わないという人もいます。どちらが正しいのか？　と思いたくなりますが、理由は先ほどと同じ。

表面的に何と言おうと、心の底で感じているものが実現するのです。

何百回と「私は安全に運転できる！」と唱えたとしても、心の底で「いや、そんなわけはない」と感じている限り、私が免許を取り、安全運転できる日はやってきません。

だからこそ、本音を探る作業が必要です。

本音とエセ本音の違い

では次に、本音を探る方法についてご紹介したいと思います。

配偶者と別れたいと悩んでいる女性がいるとしましょう。

「もうこの関係を終わらせたい」という気持ちは、本音でしょうか？　それとも、本音は別にあるのでしょうか？

彼女の頭には、「家事なんてやりたくない！」「夫のいいなりになりたくない！」「一生を主婦で終えるなんて絶対嫌！」「もう、夫のためにご飯をつくりたくない！」と、次々に別れる理由が浮かんできています。

その気持ちは「本心」に違いありませんが、「本音」かというと厳密には違います。

これらは、本音のようでいて実は本音ではない、「エセ本音」なのです。

ただ感情的反応が出ているだけの、〝大人の反抗期状態〟に過ぎません。

なぜなら、「やりたくない」という否定形ではなく、「やりたい」という肯定形の気

持ちから湧き起こるものが「真の本音」だからです。

彼女のケースで言えば、「私は私の人生を進もう！」「自立して好きなように生きたい！」「得意な料理を仕事にしたい！」といったポジティブなものが、本音です。

エセ本音は、真の本音にたどり着くための通過点に過ぎません。

「もう家に帰りたくない！　離婚よ！」で終わらせてしまうのではなく、せっかく出てきた自分の気持ちを、もう少し丁寧に聞いてみましょう。

真の本音は感動的な〝思い〟からなるもので、必ずポジティブな感情とともに湧き上がってきます。本音に気づいたとき、「やっと気づいてくれたね」と、心が喜びに満ちあふれることでしょう。

このように、私たちは本音を出しているようでいて、実は「エセ本音」を本音だと思い込んでいることがあります。

もうひとつの例として、「私はこの会社で働き続けたい」という望みを、エセ本音か本音かを見分けてみましょう。

仕事や同僚が好きだからこの会社で働き続けたいのなら、「会社の仕事が好き」「同僚が好き」＝「好きな同僚と好きな仕事がしたいから、この会社で働き続けたい」という「やりたい」がベースの肯定形の動機なので、本音です。

けれども、「定期的な収入がなくなるから」「同僚から嫉妬されそうだから」＝「収入を失いたくないし、同僚から恨まれたくないからこの会社で働き続けたい」というのは、「やりたくない」をベースにした否定形の動機です。

これらはすべて、エセ本音。単なる「嫌なこと回避」なのです。

「恥をかかないために」「バカにされないために」「怒られないように」という回避的な動機付けから仕事をやっていると、楽しさや喜びなどポジティブな感情から遠い状態になってしまいます。すると、思ったほど結果が出なかったり、人間関係がかえってギクシャクしたりするかもしれません。

本音を知った結果、夢をあきらめること、夢が夢でなくなることもあります。

フリーランスという働き方が当たり前になっている時代、会社を辞めて活躍している人も目立つようになり、彼らから影響されて自分も辞めたいと思う人がいます。

夢を持つことは素敵なことですが、夢を持ったら叶えなきゃいけないわけではありません。心と向き合い、おそれを手放した結果、会社を辞めないという結論になる人がいてもいいのです。

おそれを手放して前に進むというのは、決して会社を辞める、離婚する、資格を取る、独立するといった「新しい世界に行く」ことだけではないからです。

ななさんは外資系企業に勤めていて3年前から副業もしている、海外在住のキャリアウーマン。外国人の旦那さんとの間に第二子が生まれ、母として多忙な日々を送りつつも、人気ブロガーとして発信を続け、パワフルな毎日を送っています。

今後の夢は決まっているものの、年収も高く会社員だからできることもあるため、会社を辞めるタイミングがいつなのか躊躇しているのだそう。

そこで彼女の理想を聞いてみると、「今よりもさらに幸せを感じること」、そして「自分が今いるべき世界がここだと確信を持てること」との答えが返ってきました。

この理想の状態は、必ずしも会社を辞めたら叶うものではなく、会社に所属していても実現できるものです。

もちろん今後のことは彼女が決めることですが、会社を辞めて独立しなくても、これまでのキャリアや経験を生かして副業も続けながら、夢を叶えてもいいのです。

ななさんの状況は、同じような岐路に立っている人にとって参考になると思います。

今の世界に踏みとどまったとしても、その人は歩みを止めているわけではありません。

むしろ、「世間のおそれ」や「エセ本音」に気づき、本来の自分の純粋な動機に立ち返ることで、今いる世界で一気に加速する場合もあります。

いずれにせよ、本音を知ることで人生が動き出します。

おそれと向き合い手放していくうちに、エセ本音から出た余計な動機はなくなっていき、本当にワクワクすることや、本当にやりたいことが明快になっていきます。

私は、2017年にSNSをやめるときに本音に気づくことができました。

自分が本当にワクワクしているなら、人から認められなくてもいいし、他人の目も気にしなくていいと心底思えたからこそ、仕事がなくなるかもしれない、人とのつながりがなくなってしまうかもしれないといったおそれを手放して、生命線だったSNSから離脱できたのです。

今、私は「仕事1割・遊び9割」のノリで暮らしています。

もちろん忙しい時期はありますが、そのくらいでいいや、という気持ちではあります。

スケジュールの余白がこわくて仕事や予定を詰め込んでいたかつての自分が、今や遠い昔のよう。おそれをベースに9割働くよりも、愛をベースに1割働くほうが、人間関係が円滑になるし仕事もはかどるので、結果はちゃんと出ます。

本音を知るための1週間トレーニング

では、皆さんが今持っている望みが、本音なのか、それともエセ本音なのかを知るための最適なトレーニング方法をご紹介します。

まずは、「やりたいことリスト」を書いてみましょう。

やりたいこと、今望んでいることを、時間を取って手帳やノートにリストアップします。難しく考えず、思いつくままに書き出すのがポイントです。

- ・ダイエットして5キロ体重を落としたい
- ・副業で月収10万円を超えたい
- ・Instagramで有名なインフルエンサーになりたい
- ・子どもを授かりたい
- ・テレワークが可能な職種に転職したい
- ・グルメを一緒に楽しめる友達が欲しい

こうやって、大なり小なりやりたいこと（自分の望み）をリストアップしたら、次にそれぞれの項目の脇に「なぜやりたいのか」を書きましょう。

誰かに見せるわけではないので、心の奥底に浮かぶ本当の「なぜ」を突き止め、リストに書き込んでください。

本当の「なぜ」を否定したり、いけないと決め付けたり、ないものにしたりすると、本当の望みに気づくのに時間がかかってしまいます。

・ダイエットして5キロ体重を落としたい→太ったのでお気に入りのパンツが履けないから
・副業で月収10万円を超えたい→貯金して資格を取りたいから
・Instagramで有名なインフルエンサーになりたい→色々な体験をしてみたいから
・子どもを授かりたい→年齢的にも体力的にもギリギリのタイミングだから
・テレワークが可能な職種に転職したい→都心の家賃は高いので、地方に引っ越したいから
・グルメを一緒に楽しめる友達が欲しい→美味しいものの情報交換をしたり、一緒に食べに行ったりするのは楽しそうだから

「なぜやりたいのか」を書き出してみると、動機が「肯定形」か「否定形」のどちらかが分かります。

動機が肯定形なら本音、否定形ならエセ本音でしたね。

分かったら、すべての「エセ本音」をひっくり返す番です。

「ダイエットして5キロ体重を落としたい」という望みであれば、「太ったのでお気に入りのパンツが履けないから」というエセ本音を本音にひっくり返すため、「肯定形＝やりたい」に変えましょう。

「細身のパンツをカッコよく着こなしたいから」「もっと大人っぽいファッションを楽しみたいから」と言い換えただけで、エネルギーがグッと前向きに変わるのが分かりますか？

このように、とても簡単な手順で、すべての動機を意図的にポジティブな考え方へ転換できます。

1週間、ポジティブな本音をベースに行動するだけで、望み方や考え方がどんどん前向きになってくるのが分かるはずです。そして、「面白そう」「楽しそう」「やってみたい」というようなポジティブな感情から湧いてくる「やりたいこと」が満ちあふれるようになり、毎日の充実度がグッと上がっていくことでしょう。

ひとり合宿のすすめ

前の項目では、普段通りの生活をしながら本音を知る方法を紹介しましたが、ここでは宿泊型の集中トレーニングについて書きたいと思います。

名づけて、「ひとり合宿」です。

ひとり合宿とは、金曜夜に仕事が終わったそのままの足でホテルにチェックインし、月曜の朝そのまま出社するという3泊4日の〝ツアー〟です。

金、土、日と3泊（もちろん平日でも構いません）することと、できる限り自宅近くまたは最寄りのエリアのホテルに泊まることを推奨しています。なぜかというと、「まとまったひとりの時間」が最も大切だから。

もしお目当ての温泉街や観光地がある場合でも、自宅から片道2時間圏内にしましょう。本来の目的を考えれば、移動に時間とエネルギーを費やすよりも、自分ひとりの時間を確保することのほうが優先順位が高いからです。

ひとり合宿中は、できる限りスマホの電源はオフ、もしくはデータ通信をオフにして、何にも邪魔されない空間をつくります。食事はできる限りホテルのルームサービスを頼むか、外で買ったお惣菜などを持ち込みます。食費は嵩みますが、できるだけひとりきりの時間を確保するためです。

社会生活を送っている私たちは、ほとんどの時間で家族や同僚など、他者と関わらなくてはいけません。そして人と関わっている間は、自分が不在になりがちです。なぜなら、同時に意識を2つの場所（自分と他者）に向けることはできないからです。

人といると、つい相手の表情、声色、発言が気になってしまいますよね。

ひとりきりになって、自分ときちんと向き合ってみましょう。

ひとり合宿の事前準備は2つあります。

それは、「スケジュールをつくること」と「持っていくモノを選別すること」。

スケジュールについては、まるで旅行会社が企画するツアーのように、起きてから寝るまでの過ごし方、やることを、できるだけ事前に計画します。

ホテルでは何時に起きて、身支度をして、ヨガや瞑想などで心を整えて、朝食を取る、と決める。そこから本を読んだり日記を書いたり、「やりたいことリスト」を書いたりと、自分が向き合う必要のあることを十分に考える時間も大切です。

スケジュール通りにいかないこともあるでしょうが、最低限これだけはやる、というラインは決めておいてください。

こうして事前にスケジュールを組む理由は、だらけるのを防止する意味もありますが、それ以上に「自分との約束」を守ることにあります。

他者との約束は多少無理をしても守り通すのに、私たちはつい、自分との約束はないがしろにしがちです。

でも、考えてみてください。自分以外の人との約束は守るのに、自分との約束はちっとも守ってくれない人がいたらどうでしょう。

そんな人のことを、あなたは信頼できるでしょうか。

ひとり合宿を機に、誰よりも自分自身を信じられる人に生まれ変わりましょう。

次に、持っていくモノの選別です。

積ん読したまま読めていなかった本や、購読しているのに目を通せていなかったオンラインサロンの投稿や有料メルマガ原稿、肌触りが気に入っているパジャマやお茶類、お菓子類を持ち込んでも楽しいでしょう。

私は香りが大好きなので、アロマオイルやルームミストを数種類持ち込みますし、バスタブのあるホテルの部屋を選んで、入浴剤も複数持参して楽しんでいます。とっておきの美顔パックやマッサージクリームで、「美容合宿」も兼ねるのも女性にはおすすめです。

ひとり合宿では、特定のトピックを決めて、本音をじっくりと探りましょう。

転職や独立など今後のキャリアについてや、カップルや夫婦の関係をこれからどうするか、何をしているときが幸せで、幸せではないのか。ひとりトークをしながら湧き上がってくる感情をキャッチして、自分を知る作業を続けてください。

また普段本心をあまり外に出せず、感情を抑え込みがちな人にとっては、「感情の浄化」をする大チャンス。

部屋で泣ける映画を見たり、YouTube 動画を見たりして、思いっきり泣いてください。ひとりなのですから、（他の宿泊客に配慮は必要ですが）人目を憚らず、感情を解放するまたとない時間です。

小さい頃から我慢していた、悲しみや怒りが涙とともに流れ落ちていき、癒されていくのが実感できるはずです。

ひとり合宿の理想は3泊4日の期間ですが、家庭があったり子育て中だったりする親御さんにとっては難しいでしょう。その場合は、子どもを預けられる都合に合わせて1泊や半日など、短い期間でやってみてください。

また介護などその他の理由で、どうしても時間を取れない人もいると思います。そんなあなたは、毎日1時間でも、まとめて数時間でもいいので、今よりも意識してひとりきりの時間を確保してみましょう。

3ヶ月でベースの感情が変化した話

「1週間トレーニング」と「ひとり合宿」の他に、普段からネガティブな状態になりがちな人へのおすすめのワークをご紹介します。

これは私の実体験に基づいた、自分の感情の状態を整えるための実践型プログラムです。

期間は平均して、3ヶ月とみてください。

ネガティブな感情になりがちな人や短期集中でポジティブな状態を確立したい人はもっと長い期間が必要かもしれませんし、普段から愛がベースの感情で過ごせている人は3週間くらいで十分かもしれません。

最初の1ヶ月は、自分のネガティブな感情と徹底的に向き合います。

紙に我慢してきた悪感情を書き殴って破り捨ててもいいですし、ひとりカラオケで大声を出して発散するのもいいでしょう。

「ひとり合宿」の項目で書いたように、**泣くことは最高の浄化法です。**泣ける映画や動画を継続して見てみましょう。長い間泣けなかった人の中には、日常生活の自分ごとやいざというときは全然涙が出ないのに、映画を見た途端、滝のように涙が出る人もいます。

YouTube の動画はとても重宝します。映画よりも時間をかけることなく、ピンポイントで泣けるからです。自分の「泣けるポイント」を色々と見ながら知っていき、これは泣ける！　という動画を見つけたら、1ヶ月の間にできる限り涙を流してください。スッキリするまで泣くと、自然とネガティブな感情は消えていき、代わりに幸せな気持ちに満たされることでしょう。

ちなみに大の猫好きの私は、母親とはぐれ、ひとりぼっちになってしまった野良猫の動画を片っ端から視聴しました。彼らが優しい飼い主さんに引き取られ、幸せな余生を過ごす実話に、それこそ涙が枯れるほど号泣。

寂しい野良猫に気持ちを同化させ、悲しい、寂しい、苦しい、虚しい、というような感情を嗚咽(おえつ)とともに思い切り解放して、最後は誰かに包まれる安心感や幸福感を感じるようにしていました。

2ヶ月目に入った頃には、怒り、悲しみ、不満などのネガティブ感情がだいぶ洗い流されて、「ゼロ地点」に立ったような感覚がします。

ネガティブな感情は湧いてこないけれど、かといってウキウキするようなポジティブな状態でもない、風で例えれば「凪（なぎ）」のような無風状態の感じです。

言い換えれば、こうした感覚になるまで感情の浄化を続けてください。

時々、無風状態から突風が吹いたり（激しい感情を感じる）、揺れることが起きます。その都度、その感情は誰かにぶつけたりせず、一旦落ち着いて「ひとりトーク」をしながら自分の内側を眺め、静かに感情を感じ切ってください。

感情を感じ切るというのは、「怒り」が湧いてきたら「怒りに浸り切る」、悲しみが湧いてきたら「悲しみに浸り切る」ということ。

感情は必ず、身体のどこかで強く反応しています。その感覚と一体化するイメージを持って、全身に広げてみましょう。

数十秒から数分、長いときは数時間その感情を丁寧に感じていくと、ある瞬間、ふっと感情が消えます。それが感情を味わい切ったサインです。

この「感情を感じ切る」ことについては、第4章の169ページでより詳しく紹介しますので、あわせて読んでみてください。


3ヶ月目には、激しい突風が吹く回数も減って、プラスマイナスゼロの「凪」の段階から、「春風」のような暖かい状態へと自分の感情の基本形が変わります。

ゼロ地点を越えて、いよいよプラスの世界が広がるのです。

ここまできたら、あとは小さなプラスを少しずつ足していくだけ。

前から食べたかった食材をお取り寄せしてみたり、エステに行ってアロマのいい香りを楽しんだり、自宅で育てたハーブでハーブティーを楽しんだり、部屋に美しいお花を飾ってみたりと、日常の中で自分が喜ぶことをできる範囲でどんどんしてみてください。


ポイントは、嬉しい、楽しい、気持ちいい、幸せ、そんな気持ちに「浸り切る」ことです。

このプラスがどんどん足されていって、自分の普段の状態が「満足」くらいになったとき、ほんの数ヶ月前の自分のネガティブな状態のほうがもはや信じられない、というところまできます。

苦手だった人と打ち解けたり、何もやる気がなかったのに新しいことをやりたくなり、子どものような無邪気な探究心、好奇心が再びむくむくと湧き出してきます。

また、恋人ができたり、念願の赤ちゃんを授かったり、大きな仕事が決まったり、経済状態が劇的に改善したりと、大きな幸運が舞い込んでくる人もいるでしょう。

ただし、「こうなりたいから（これを得たいから）ポジティブな感情の状態になろう」と幸せの状態になることを、望むものを叶えるための交換条件にしないことです。

そうではなくて、ただシンプルに、「幸せでいたら幸せだから、幸せになろう」という態度をキープしてください。現世利益を当てにするのではなく、ポジティブな感情の状態でいるのが好きだから、そうするのです。

こうした在り方が、本当に欲しいものを得る近道になります。

踊り場の時期

「のんびり過ごすための船旅でも、日本人はいつも忙しいね。早起きして、ヨガをして、デッキをランニングして、講演会を聞いて、ワークショップ運営のお手伝いをして、週末の運動会の準備をして、外国語を学んで……いつも何かをしている。まるで、何かをしないといけない、と自分を駆り立てているみたいだ。

でもね、スペイン語では〝過ごす〟って言い回しがあるんだよ。人にどこに行くの？　何をする予定なの？　って外出するときに聞かれたら、〝過ごしてくる〟って返す。ただ過ごすのに理由はいらないでしょう。でも、ただ過ごすことで何かが見えてくることもある。心も整理されるしね」

メキシコ人の青年からこの会話を聞いたのは、水先案内人（船内で参加者たちに講演する立場の人）として乗船したピースボートの船内でした。

そろそろSNSもやめようと思っていた時期で、情報発信だけでなく仕事もプライベートもペースを落として、ゆっくり過ごし始めていた頃のことです。

それまで忙しく動き回っていたこともあって、周囲からは「何をしているの？　これから何をするの？」と心配げに聞かれることもありました。彼らからすれば、当時の私は単に立ち止まっているようにしか見えなかったのだと思います。

そんなときだったからこそ、地球の反対側で育ったメキシコ人青年の言葉はとても心に響き、勇気づけられました。ただ〝過ごす〟ということの真の価値を、少しずつ知り始めていたからです。

何かをすること、事を起こすことは実は簡単です。

それよりも、一旦立ち止まって不要なものを手放したり、しがらみを断ち切ったり、自分と静かに向き合い対話する時間を持つことのほうが、現代人には難しいように思います。

いつも人は何かをするものだ、という価値観は、時に人を窮屈にします。

また、自分の動向も相手の動向も見せ合うSNS時代の特徴なのかもしれませんが、

「相手が何をしているのか、把握して当たり前」という前提も、何かおかしい気がするのです。

当時の私は、ただ〝過ごしている〟状態ながら、〝予感〟めいたものも感じていました。まだ見えない何かをじっと待ち続けているような大切な時期にいる、ということだけは分かっていたのです。

おそれを手放し新しい世界へと巣立つ前、あなたにもきっと、こうした静かな時間が訪れることでしょう。

それは水面下で何かが育つ時期。

私はこれを、「踊り場の時期」と名づけました。

1日、また1日と過ぎていく日々を階段に例えた、次の階に上がる前の「ひと息入れる」時期のこと。

生産的なことをしなければいけない、と自分を駆り立てる代わりに、内側へと深く潜り、心に浮かぶまだ言葉にできない気持ちにぴったりな言葉を与え、答えのないものに答えを出していく。そうして新しい自分が生まれていく過渡期なのだと思います。

感情は選択できる

あなたは、好きな人と週末にデートの約束をしているとします。

彼と会うことが決まってから、気持ちがウキウキして、毎日念入りに肌のお手入れをしたり、着ていく洋服をどれにしようか悩んだり、ネイルサロンに行ってみたり。女性なら誰でも経験があるような、心ときめく時間を過ごしてきました。

それなのに、デート前日に好きな人から突然メッセージが。彼にどうしても外せない仕事が入ってしまって、デートはキャンセルになってしまいました。

誠意をもって謝られ、別の日にちを提案されるものの、もやもやした気持ちは晴れません。

今日のために準備してきたことが無駄になったという気持ち、楽しみに過ごしてきた時間が台無しになったという気持ち、自分との時間よりも仕事を優先されたという気持ち、そうした「不満」や「悲しみ」が湧き上がってきます。

「不満」や「悲しみ」は、おそれに属するネガティブな感情です。これまでなら、「仕事なのだから仕方ない」と自分を無理に納得させたかもしれませんし、本心を隠して笑顔で許していたかもしれません。でもそれは、「嫌われたくない」というおそれによる、単なる我慢です。

では、ネガティブな感情のまま相手にぶつければ処理できるかと言ったら、そうではありませんね。好きな人との関係が悪化してしまうかもしれませんし、一時的には本心をぶつけて解放感があるかもしれませんが、似たような状況、思い通りにいかない状況が再び起きれば、同じようなもやもやがまた湧き上がってくるでしょう。

では、こういうときはどうしたらいいのでしょうか。

これも一種の手放しになるのですが、「感情は選択できる」ことを思い出してください。

つまり、「不満」や「悲しみ」というネガティブな感情になるのも、この瞬間に相手を許し次回の約束を楽しみに気持ちを切り替えるのも、すべて自分次第だということと。

せっかくの約束を反故(ほご)にされた、という怒りの気持ちも理解はできますが、同じ状況にあっても、相手を思いやる気持ちを持てる人もいます。忙しい彼の身体を心配したり、それでも時間をつくってくれようとする彼に、感謝を感じたりする人もいるでしょう。

どのような状況にあっても、今この瞬間に悩むのか、それともすべてを忘れて今を楽しむのかというのは、全部選ぶことができる。

その事実が、人を悩みから解放し、真に自由にするのです。

やった後悔より、やらなかった後悔

いよいよ次章では、「おそれを手放す方法」を具体的に紹介していきます。

ページをめくりながら、みぞおちがきりきりと痛んだり、胸が苦しくなったりと、様々な感情、感覚に襲われた人もいることでしょう。反対に、こわいことを一刻も早くリストアップして、小さなおそれからやってみたい！　とやる気十分な人もいるかもしれませんね。

あなたも読み進めるうちに、過去に傷ついたことや恥ずかしかったこと、仕方なくあきらめたことを思い出しているかもしれません。

長年苦手意識を持っていること、こわいこと、恥ずかしいと感じることをやるのは、骨が折れる作業です。物理的な準備だけでなく、心の準備が何よりも大切になりますし、そのために自分と向き合う時間もエネルギーも相当使います。

でも、おそれを乗り越えた分だけあなたは幸せを感じることができるし、新しい世界へと一歩を踏み出すことができます。

その世界でのあなたは、喜びに満ちあふれ、イキイキとしていて、長年理想としていた状態を生きていることでしょう。

これを読んでいるあなたは、当然ながらまだ命があります。

ですが何十年も経てば、私たち人間は等しく年老いていきます。身体は衰えますし、バイタリティや気力も失っていくかもしれません。

一方で、社会はさらに加速度を増して変化していきます。古いものから新しいものへと変わり、常に前へ前へと進化するのが社会の宿命です。

宿命の中で、私たちだけが立ち止まることはできないのです。

もし、あなたの胸の内にも熱い感情があって、芽吹くのを待っているのだとしたら。限りある肉体で生きる一度きりの人生で、チャレンジすることなく、健康を害したり亡くなったりしたとしたら、何もしなかったことをきっと後悔する日がきます。

『1000人の死を見届けた終末期医療の専門家が書いた　死ぬときに後悔すること25』（大津秀一著・致知出版社刊）というベストセラー本があります。

その本には「夢を叶えられなかった」「仕事ばかりせず家族を大切にすればよかった」「もっと冒険すればよかった」など、様々な人の後悔が書かれています。

もちろんこの本に出てくる人たちは、その時々にできる精一杯の人生を送ったのだと思いますが、彼らの死に際の本音から、私たちは何かを学びとることができます。

実際、「やった後悔」よりも「やらなかった後悔」のほうが、後々引きずるものです。

たとえ時間やお金を失ったとしても、やったことは次の成功への経験となり、「いい勉強になった」と前向きに捉えることができる一方、「やればよかった」という後悔は、日に日に大きくなっていくように思います。

満足と感謝の気持ちで生を終えたいか、後悔しながら世を去りたいか。どちらが幸せかは明らかです。

いつかこの世を去るなら、一片の曇りもないほどやり切ったと思って息を引き取りたいと思いませんか。

4

おそれを手放すための具体的な方法

おそれを手放す前の、2つの約束

この章では、今日から実践できるおそれを手放す方法をご紹介していきます。

その前に、皆さんにお願いがあります。

まず、「こわいけれど乗り越えたい」と宣言してください。

意図を持つと力が宿ります。自分の意志でこわさを手放すと意図して、これから紹介する方法を最大限に活用してください。

次に、すべての方法を実践するにあたって、おそれを手放すのは「幸せを感じるため」という「目的」を、しっかりと自分にインプットしましょう。

子ども時代のトラウマを見つけるためのカウンセリングや、抑圧した感情を解放するセラピーなど、世の中にはおそれを扱うたくさんの方法があります。

こうした方法に効果があるのは分かりますし、必要な人がいるのも理解していますが、しばしばおそれを手放すよりもおそれを発見することそのものが目的になってしまい、受ける本人が一向に幸せを感じられないという本末転倒になっている場合も見かけます。

おそれを発見することは目的ではなく、あくまで「今、幸せを感じる」ことが大切なはずです。

これからご紹介する方法をやっていく中で、時々立ち止まり、何のためにおそれの手放しをしているのかという目的をぜひ思い出してください。

喜び、情熱、ワクワクした気持ち、解放感、自由、未来への希望——。そうしたポジティブな感情に包まれることを楽しみに、読み進めていきましょう。

結果に期待しない

おそれを手放す目的は、繰り返しますが「幸せを感じるため」であって、決して特定の結果のためではありません。

もちろん、おそれを手放した結果、「好きな仕事をして」「夫婦関係を改善して」「お金を稼いで」幸せを感じることは大いにあるでしょうが、それらが真の目的ではないので、特定の結果を期待して、おそれを手放そうとするのはやめましょう。

あくまで「幸せを感じるため」にやる、それを肝に銘じてほしいのです。

特定の結果を期待しながら行動することを、私たちは長らく教え込まれてきました。実際にそうした人が評価をされていますし、結果も出やすいでしょう。

けれども、**特定の結果を意識することには重大な副作用があります。それは、期待ゆえの「失望」です。**

特定の結果を強く望んだり、頭に思い浮かべたままだったりすると、仮にそうならなかったときに人はがっかりしてしまいます。

特にこわいことほど思いいれがあるので、期待が転じて失望というネガティブ感情に転がってしまう可能性が大いにあるのです。

例えば、大好きな人に告白するのがA子さんの最もこわいことだとします。そして

A子さんの胸の内は密かに、告白して両思いになる、という「特定の結果」を期待していきます。ＬＩＮＥを交換するとか、食事に誘うとか、少しずつこわいことをやっていき、ある日好きな人を呼び出して告白。けれどもフラれてしまいました。

A子さんはすっかり意気消沈してしまい、こうなるくらいなら何もしなければよかったと自暴自棄になっています。

A子さんの気持ちになってみれば、残念がるのも無理はありません。

けれども大切なことは、**「告白して両思いになる」という特定の結果ではなく、こわくてできなかったことができた、自分自身の「成長」に目を向けることです。**一歩を踏み出せたという事実にフォーカスして、やり遂げた自分を誇りに思ってください。

そこで思うように気持ちを伝えられなかったとか、相手の反応が悪かったというネガティブな結果にフォーカスを当ててしまうと、結局、「失望」「落胆」「自己批判」という別のおそれからくる感情につながってしまいます。これでは、「こわい」というおそれが「失望」「自己批判」という別のおそれにすり替わっただけになるのです。

こわかったものほど、感情がポジティブにもネガティブにも揺れるのは自然なこと。

結果はどうあれ、挑戦したことで確実にあなたの世界は変わっているはずです。

その変化を意識して見つめ、以前より少しでも幸せを感じられるよう自分を導いていきましょう。

おそれを手放すための準備運動

「おそれ」と対話し、手放す際の絶対条件があります。

それは、「ポジティブな状態」をキープしておくこと。いい状態に保っておいてはじめて、おそれている自分を俯瞰できます。

俯瞰している状態というのは、「視野が広い状態」です。

一方、おそれている状態というのは、「視野が狭い状態」にあります。

視野が広がっている分、おそれの構造が手に取るように見えてくるのです。視野が狭い状態にあるときでは（おそれの状態にあるときは）見えなかった自分の思い込みや観念を簡単に発見でき、おそれを手放しやすくなります。

ネガティブな状態にあるということは、自分自身がおそれにとらわれている状態です。

おそれに同調していながら、手放すことは不可能です。なぜなら、「気づいて」「手放す」という一連の行為は、ポジティブな状態に属するものだからです。

アインシュタインは「この世の重要な問題はすべて、それを作りだしたときと同じ意識レベルで解決することはできない」という言葉を残しています。

これはネガティブな状態である「問題」にいては、ポジティブな領域である「解決」にはいけない、ということ。問題という意識レベルより上の次元の意識レベルにいってはじめて解決策を思いつくことができる、という意味だと思います。

ですので、「気づいて」「手放す」というポジティブな状態を起こすために、まずは準備運動をして、ポジティブな状態をキープしましょう。

手放しはそこから始まります。

おすすめの準備運動 1

日々、「いい気分」「心地良さ」を積み重ねる

一日の行動をできる限り、「心地いい」「好き」「楽しい」というポジティブな動機からしてみましょう。ちょっとしたことでいいので、やり続けることが大切です。

「今、自分は何をしたらいい気分になれるかな？」
「どちらを選んだらより心地いいかな？」

という質問を自分に頻繁に投げかけてみましょう。

そして、思い浮かんだことをすぐに行動してください。

甘いチョコレートを頬張ったり、ペットをなでたりするのが「いい気分」になれることなら、そうする。会社帰りにまっすぐ帰宅するか、ウィンドーショッピングをするかで、家でゆっくりするほうが心地いいと感じたら、帰宅する。この程度のレベルでOKです。

コンビニに立ち寄る際は、ズラッと並んだドリンクコーナーでいつもの倍以上の時

間をかけて、「今、自分はどの飲み物を飲みたいか」を丁寧に自分に聞いてみてください。すると、「ココアが飲みたい」「炭酸水でスッキリしたい」というような、心の声が聞こえてきます。

私の場合は「いい気分になれるリスト」を、手帳やスマホのメモ欄に書き込んでいます。そして、「今、自分は何をしたらいい気分になれるかな?」という質問を自分に投げかけて、じっくりとメモを見てみると、「これがやりたい!」というものが簡単に見つかるので便利です。

この質問を毎日頻繁にしていくと、「いい気分」になるための「マイ定番」が分かってくるので、それがアイテムであれば随時ストックしています。

疲れが吹き飛ぶ入浴剤、心がゆるむアロマオイル、肌への感触がプルプルして気持ちいいフェイスパックは、私のいい気分づくりに欠かせないマストアイテムです。

ぜひあなたの日常を、「心地いい」「好き」「楽しい」で満たしてください。

おすすめの準備運動 ②

「感謝ノート」を習慣にする

52ページで、他者批判をする人は自己批判が強い人だという話をしました。それと同じ理屈で、他人のいいところを見つけ感謝できる人は、自分のいいところを見つけ感謝ができる人でもあります。

一般的には、自分のいいところよりも他人のいいところのほうが見つけやすいものです。

そこでノートを用意して、

「他人のいいところ」

「嬉しい出来事」

「日常の中の感謝したいこと」

を記録する習慣をつくりましょう。

「感謝ノート」は、ぜひお気に入りの一冊にしてください。

大好きなブランドのものや、「これだ!」とひとめぼれしたノートなら最高です。

私が今使っているものは、水晶の粉末が練りこまれている高級ノート。手に取るとしっくりと馴染む感覚があり、見つめるたび、ページを開くたびに心がときめきます。「ときめき」も「心地いい」「好き」と同じようにポジティブですから、どんどん浸ってほしい感情です。

ですから家にあるもので済ませず、ページをめくるたびに心が浮き立つような、とっておきの一冊を見つけてください。

先ほど述べたように、感謝ノートには「他人のいいところ」「嬉しい出来事」「日常の中の感謝したいこと」を記録していきます。

その他にも、「おそれを手放したことによる気づき」「こわくなくなったこと」など、ポジティブなことなら、何でも書いてみましょう。

ただし愚痴や悪口、他者や自分への批判的、否定的なことは一切書かないでください。「愚痴ノート」を推奨する人もいますが、愚痴や悪口という批判的、否定的な言葉が詰まったノートは、かなりネガティブエネルギーを発しているように思います。

そうしたものを家に置いたり、バッグに忍ばせたりすることは私はおすすめできません。

「感謝ノート」をいつも持ち歩いて、起床後や寝る前、電車での移動中など、スキマ時間にポジティブなことをどんどん綴っていきましょう。


最初はなかなか出てこないかもしれませんが、コツをつかめば簡単です。

「電車が定刻通りに発車している」

「雨風しのげる家に住んでいる」

「今日も健康に過ごせている」

「太陽があるおかげで、日中暖かく過ごせる」

というような、〝当たり前〟だと思っていたことを書いてみるのもいいでしょうし、

「店員さんが頑張って働いてくれている」

「家は日当たりも見晴らしも良く、とても気持ちがいい」

「美味しくご飯が食べられる」

「両親はいつも愛情をかけてくれる」といった感謝だけでなく、

「友達のB子ちゃんは、マメに連絡をくれる」

「夫は私の意見を尊重してくれる」

「上司にはリーダーシップがある」

といった、周囲の人たちの素晴らしい点、素敵な点も書いていきましょう。

また、

「職場でいただいた旅行土産のチョコレートが美味しかった」

「待ち合わせに遅刻するかと思ったら、スイスイと車が進んで間に合った」

「デパートに行ったらたまたまセール中で、普段より安く買えた」

など、日常のちょっとした嬉しい出来事に意識してみたら、いかにあなたが人に優しくされ、助けられているか、感謝があふれ出してくるはず。


こうして感謝ノートをつける習慣が身につくと、自然と「自分の良いところ」を探すクセもできて、みるみる自分のエネルギーが上がるのを実感するでしょう。

おすすめの準備運動 3

アプリや日記で「感情ログ」をつける

日記帳やブログで、毎日の「ライフログ」を記録している人は多いと思います。そこには今日起きた出来事だったり、印象的な会話や本で読んだことだったりを書くのが一般的でしょうが、私がおすすめしたいのは、日記と一緒に「感情ログ」をつけることです。

日記やブログに、起きた出来事を綴るだけでなく、「感情」「気分」を思い出しながら記録していきます。例えば、「久しぶりに友達と会えて嬉しかった」「上司に意見したら反対されてがっかりしてしまった」というようにです。

私の場合は、「感謝ノート」とは別に、毎日の日記を書いているので（ブログではなく、自分だけが読む紙の日記帳です）そこに感情ログも記録しています。

最近では感情ログ専用のスマホアプリがあり、多くは無料で使えます。「Daylio　日記」「ここち日記」「感情日記帳『こころカルテ』」などアプリを使えば、より手軽にその時の気分を記録できるでしょう。笑顔や怒り顔など、バラエティ豊かな表情の絵文字スタンプを使って簡単に記録できるものもあります。

またアプリなら、日記やブログよりもリアルタイムに気分を記録できますし、「感情の上がり下がりの推移」を一覧でチェックできます。

この月は笑顔で過ごせたなとか、週の頭には気分が崩れやすいなとか、恋愛ではハッピーだけれど仕事ではストレスを溜めがちだなとか、「気分のバイオリズム」や「感情的弱点ポイント」がひと目で分かります。

知り合いの男性は、アプリを使って感情ログをつけ始めたところ、自分の傾向がつかみやすくなって、以前より上手に感情をコントロールできるようになったと嬉しそうに話しています。

アプリを使うか、ブログや日記にするか、スマホのメモなどに記録するかは、あなたのやりやすく、続けやすい方法を選んでください。

私も日記を書きながら、以前よりも「嬉しい」「楽しい」というようなポジティブな感情がページに増えている変化を楽しんでいます。

こうやって感情の移り変わりを「見える化」すると、ちょっと面倒な作業も、成長している手応えを感じながら楽しめます。

参考として、「愛」カテゴリーの感情リストを記しておきます。「おそれ」カテゴリーの感情リストは85ページに掲載していますので、あわせて活用してみてください。

「愛」カテゴリーの感情リスト
嬉しい　喜び　愛　自由　歓喜　幸せ　至福　満足　前向き　情熱　ときめき
ワクワク　楽観　納得　しっくり　希望　信頼　熱意　やる気　興奮　熱狂
気づき　崇高　感謝　感激　自信　自尊　イキイキ　受容

おそれを手放す8つの方法

1 「こわいことリスト」をつくって、観念と思い込みを特定する

まずは、「こわいことリスト」をつくる方法です。

あなたにとって、大なり小なりこわいことを片っ端から書き出してください。

そして、観念と思い込みを特定するために、「どうこわいのか？」「なぜこわいのか？」を、「Ｈｏｗ」と「Ｗｈｙ」を使って自分に何度も質問してみましょう。

具体例があるほうが分かりやすいので、リサさんの事例で説明しますね。

リサさんは現在、薬剤師として働きながら、都内でコワーキングスペースを運営しています。夢だった複業（複数の肩書きを持ち、本業を含めた複数の仕事をすること）ライフ

を叶えたものの、「発信するのがこわい」というおそれを抱いている自分に気がつきました。

発信を一方的にできるブログやSNSには慣れてきたものの、インスタライブなど双方向のものになると、急に抵抗感が生まれるのだとか。

「コメントがつかなかったらどうしよう」「私のことなんて誰も見ていないんじゃないか？」という気持ちになるそうです。

そこで「どうこわいのか？」と自分に聞いてみると、「みぞおちがチクチクする」「自分が恥ずかしい、と逃げ出したくなる」「足元が震え上がる感じ、行き場のない感じ」と具体的な返事が（自分から）返ってきます。

次に「なぜこわいのか？」と聞いてみると、「がっかりしたくないから」「人から目に見える形で評価を受けて、それを周囲に知られたくないから」というようなおそれの理由が浮かび上がってきました。

こうして自問自答しているうちに、次第に心が落ち着いてきました。自分がなぜこれほどこわがっているのか、その全貌が見えてきたからです。

正体不明のおそれが「明確な理由」になった途端、対処できるものになったのです。

②「こわいことリスト」を順番に実行する

次に、「こわいことリスト」を「おそれ」が小さい順に並べ換えて、小さいものか、やりやすいものから手をつけていきます。

いきなり〝大物〟のおそれには取り組まないでください！　やる気は素晴らしいですが、リスクがあります。ちょっと勇気を出せばできそうな比較的小さなおそれから、少しずつやってみましょう。

Facebookで自分の夢を書くのは恥ずかしい
↓書いて投稿する

人前で意見をするのが苦手
↓思い切って発言してみる

仲違いしていた人に謝るなんて無理
↓勇気を出して連絡して謝る

白子の見た目が無理、絶対食べられない
↓思い切って食べて、食わず嫌いを卒業する

好きな人を食事に誘いたいけどできない
↓意を決してＬＩＮＥする

どの程度の「おそれ」が今やるのにちょうどいいかを知るために、まずは「3日以内にできる」ものを選びましょう。それ以上の時間が必要なおそれは、今のあなたにはまだ大きすぎるかもしれません。そして、慣らしながらより大きなおそれへと進んでいくのがおすすめです。

ただし、人前で話すのが得意な人もいれば、考えるだけで震えてしまう人がいるように、こわいことや恥ずかしいことは人によって違います。

事の大小を人と比べることに意味はないので、「どうして私は、この程度のことをこわがっているんだろう」と落ち込まないでくださいね。

例えば「人前で話すのが苦手」という人が、まだそのおそれに対して心の準備ができていないうちに「講演会をやります」と宣言してみても、人が集まらなかったり、集まったとしても萎縮してしまって思うように話せなかったりする可能性が高いでしょう。

ポジティブであれ、ネガティブであれ、心の奥底で確信していることに現実はひっぱられていくと説明した通りです。

特定の結果に期待しないようにとすでに話してはいますが、おそれを手放すプロセスをすっ飛ばすのではなく、じっくりと取り組むことに意味があります。

ですので繰り返しますが、自分自身の心と併走しながら「ここまでなら大丈夫（こわくない）」と丁寧に確認をしつつ、少しずつ大きなおそれへと段階的に取り組むのが大切です。ここは何度言ってもいいくらい大切なところです。

先ほどの「人前で話すのが苦手」という人であれば、いきなり不特定多数の人が集まる講演会はハードルが高すぎるし、有料だと気が引けるけれど、友人や家族など内輪の人たちを集めたお話し会ならできると感じたとします。それなら、お話し会からまずはやってみましょう。

人前で話すのは苦手だけれど、「話し方講座」や「ボイストレーニング」に通ううちに自信がつくかもしれないと感じるなら、講座に申し込んでみましょう。

手始めに、話が得意な友人や著名人の講演会に足を運んでみようと思いついたら、それをはじめの一歩にしましょう。

このように、**「これならできる」「ここまでなら今大丈夫」とひとつひとつ自分の心と丁寧に確認する作業は、言い換えれば、おそれと「交渉」するようなプロセスとも言えます。**

次に、ＳＮＳのアカウントをすべて削除した際の私の事例を挙げながら、おそれと「交渉」する方法をご紹介しましょう。

交渉相手は自分なのでフランクな話し言葉になっていますが、敬語でも何でも構いません。あなたがやりやすい方法を取ってください。

斜線部分の台詞が、「交渉相手の自分」です。

「SNSをやめたい」（自分）

「何万人もフォローしてくれているアカウントを捨てるのは、さすがにもったいなくない？」（交渉相手の自分）

「でも、SNSはもうやりたいことじゃないのは分かってるよね？」

「そうはいっても、仕事の生命線だよ。全部やめるのは、反対」

「じゃあ、いきなり全部やめるのはハードルが高いから、3割からでもいい？」

「3割って何？」

「アカウントの削除はしないで、まずはスマホからアプリを消すの」

「それが3割のラインね。了解、やってみよう」


そこでスマホからアプリを消して、スマホからSNSを見られず、また発信できない状態にしました。アクセスはすべてパソコンからに制限されましたが、しばらくするとこの状況にも慣れてきたので、またおそれと交渉を始めます。


「結構いけたね」

「じゃあ次はもっといってみよう」

「どうするの？」

「ＳＮＳにアクセスすること自体を、今月一切やめてみよう」

「それはちょっと……」

「じゃあ、土日だけは見ないようにするのはどう？」

「それならできるかもしれない。了解、やってみよう」


このように、現状を急に変えることを嫌がる自分のおそれを少しずつなだめながら、新しい状況（望み）に慣らしていきます。いきなり０か１００かではなく、段階的にやっていけば、最終的には必ずおそれを手放すことができます。

③ 感情のバランスが取れた人と会話する

こわいことを打ち明けるだけで、あなたのエネルギーの状態は変わります。ひとりで抱え込むよりも、信頼している人に受け入れてもらえると、人はホッとするもの。ホッとすることで低いおそれのエネルギー状態から、高い安心というエネルギー状態にシフトするのです。

その助けとなるのが、周囲の「感情的にバランスが取れている」友人です。あるいは信頼し、尊敬する著者や講師、家族やパートナーでもいいでしょう。**「感情的にバランスが取れている」人をより詳しく説明するなら、「皆さんがおそれているることに、何のおそれも抱いていない」人です。**

逆におそれに同調してしまう相手だったり、同じ分野に苦手意識を持っていたりする人だと、かえってこわさを強めてしまうかもしれません。あなたが余計にこわがるようなコメントをするかもしれないし、お互いのおそれが同調して、その場がポジティブな雰囲気になりにくいでしょう。

いずれにせよ、色んなことに挑戦していて明るい気持ちで幸せに暮らしている人なら、あなたの最高の話し相手になるはずです。挑戦しているということは、心にブロックが少ない人たちだという証明だからです。

彼らはあなたのおそれに同調しないため、俯瞰的な視点で気づきを与えてくれることでしょう。

彼らと一定時間過ごすだけでも、おそれが消えていくかもしれません。

「話していたら、たいしたことないように思えた」「前向きな気持ちになれた」というような状態にさせてくれます。

同じ理由で、自分が特定の「おそれ」を抱いている分野があれば、すでにその分野に挑戦していて、いい結果を残している人の話を聞いてみることです。

ブログを書くのがこわい、自分の文章に自信がないという人の場合は、ライターの友人や文章を書くことに対してまったく抵抗がない人。離婚したいけれど生活と今後の恋愛に不安を感じている人には、あとくされのない離婚をしていて、経済的にも自立し、新しいパートナーと幸せな恋愛をしている人が適任でしょう。すべての条件を満たしていなくても、あなたがその人と話していて深く安心できたり、明るい希望を感じられるような人なら、その人は助けになる存在です。

もちろん、直接会話したり、個人的に会えないような人でも、セミナーに行ったり本を読んだり、YouTube で彼らが出演している動画を見るだけでもＯＫです。

自分と異なる考え方を持ち、感情的なバランスを保ちながら先を走っていく彼らの言動に触れるだけで、自然とおそれが小さくなっていくことでしょう。

④ おそれを身体で感じ切る

おそれを感じてネガティブな感情が湧き上がってきたら、身体の感覚に集中し、何が起きているのかを丁寧に探ってみてください。

身体のどこかに、ネガティブな感情による感覚があるのに気づくはずです。

みぞおちが痛い、胃がちくちくする、もやもやする、足の力が抜けて寄る辺ない感じがする、ズーンと重い、身体の一部が冷える、ソワソワする……。

こうした感覚はあくまで一例ですが、おそれを感じる前と比べて、痛い、冷たいなど、何らかの変化があることに気づくと思います。

こうしたおそれに伴う身体の感覚は、これまで抑圧してきた感情による反応です。泣きたいけれど泣けなかった、言い返したかったのに何も言えなかった、そのときの悲しみ、怒り、悔しさ、寂しさなどが、体内の感覚として残っている、そう捉えてみてください。

そこで、長年押し込めてきた感情を解き放つために、この感情を「味わって」みましょう。

丁寧に感じてあげる、（感情の）存在を認めてあげることが、味わうということ。
そうすると、ネガティブな感情は安心して、ゆっくりと消えていきます。
味わうコツとしては、その不快な感情に〝飛び込む〟こと、〝一体化〟すること。

悲しみや怒りからなる感情とひとつになりたくない、むしろ離れたいと抵抗感をはじめは感じるかもしれませんが、大切なのは、ネガティブな感情の存在を認めてあげることです。

決してその感情に取り込まれることはないので、安心して続けてください。

次に身体のどこかに反応しているおそれの感覚に飛び込み、その感覚を全身に広げていってください。

もしみぞおちが痛くて、ズーンと重い感じがするのであれば、その「重い感じ」と一体になり、じわじわと全身に広げていきます。

こうしてじっくりと感じていくと、不快な、痛い、冷たい感覚が突然、心地良い、気持ち良い感覚へと変わるのが分かります。

例えるなら、これまで体内で凝り固まっていた冷たい塊が、まるでバターがゆっくり溶けていくように、じわ〜っと全身に温かく広がっていくような感じ。

その気持ち良い感じをそのまま味わい続けると、ある瞬間、とてもスッキリします。

それが、味わい切った（手放した）サイン。

「感じ切ったよ」という自分の身体からのメッセージなのです。

どんなに根深い、暗くネガティブな感情も、根気よく味わううちに少しずつ小さくなっていきます。

まるでコップいっぱいのジュースをゆっくり飲み干していくように、全身にどんなに負の感情があふれていても、何度も取り組んでいくうちに確実に飲み干す（感じ切る）ことができます。

おそれを身体で感じ切ることに慣れてくれば、ちょっとしたこわさなら違和感を感じた瞬間に行い、早ければ数十秒から数分で手放し完了です。

⑤ 身体を動かす、ゆるめる

おそれを感じると、緊張のあまり身体がこわばります。人は緊張すると、歯を食いしばったり、肩に力が入ったり、全身を硬くするのと同じです。

身体と心は連動しているため、身体を動かし、ゆるめると、心もほぐれていきます。ストレッチやヨガ、ジムでのトレーニングやお散歩をして身体を動かすのもいいですし、全身の緊張をほぐすという意味では、ゆったりとした着心地の良い服を着たり、マッサージを受けるのもいいでしょう。

身体を温めると、血行が改善され、こわばった筋肉もゆるんでいきます。

自宅の入浴だけでなく、岩盤浴や流行りのサウナ、酵素風呂を利用するのもいいでしょう。

私は1日3回入浴する日もあるくらいお風呂が大好きなのですが、自宅だけではなく月2、3回はサウナに通っています。熱いサウナと冷たい水風呂に交互に入って〝ととのう〟と、全身の血の巡りが良くなって、深くリラックスできます。


他にも、女性へのおすすめとして「よもぎ蒸し」と「冷えとり靴下」があります。

よもぎ蒸しで女性のデリケートな部分を温め、身体の芯からデトックスしましょう。

全身びっしょり汗をかくと気持ちがいいですし、湯気が肌に浸透して顔がツルツルになります。私も一時期よく通っていましたし、すっかりハマった友達は自宅用の「マイよもぎ蒸しセット」を購入したくらいです！

冷えとり靴下はより安価に、長期間実践できる方法です。シルクの靴下とコットンやウール素材の靴下を交互に重ねばきすることにより身体を温め、代謝がグッと高まります。数千円の予算があればできるのも魅力的なポイントです。

帰宅したらまず冷えとり靴下を季節問わず履き、寝る前に軽くベッドの上でストレッチをして寝るようにしています。

⑥ 瞑想、マインドフルネスで心を落ち着かせる

思考を止め、心を静める瞑想やマインドフルネス。

巷には「朝晩15分ずつ」「呼吸に意識を向ける」「背筋をピンと伸ばす」など様々なやり方があふれていますが、個人的には最も無理なくやりやすい方法でいいと思います。

時に寝転がりながらでも、3分でも10分でも、毎日続けやすい方法でやるのが一番です。

決まったルールに則ってやることも大切かもしれませんが、肝心なのは、自分の心地良い、やりやすい方法で続けていくことのはず。

ルールに気を取られすぎてしまったり、完璧主義に陥ってしまったりするくらいなら、そうしたものは思い切って忘れてしまいましょう。

私の場合は、基本的には移動中の電車やタクシーの中でやります。それに加えて、少しイライラしたり心が乱れてきたなと感じたら、お風呂の中でも、寝転がりながらでも、カフェの中でも目を閉じます。

自分の内側に集中するうちに、気持ちが落ち着いて穏やかになれます。

究極的に言えば、瞑想の目的は思考を止めて心を無にすることなので、心を落ち着かせることができるのなら、人によってはランニングも瞑想になるし、料理も瞑想になるでしょう。

怒りを感じたら、6秒間深呼吸をして落ち着かせるアンガーマネジメントという心理トレーニングがあります。怒りは最初の6秒がピークのため、深呼吸をしてやりすごす方法です。

おそれも同じで、湧き上がってきた最初の数秒間に客観視することができたら、上手に対処できます。

「今すごく緊張しているな」とか「素直な気持ちを伝えるのがこわい」「この人がとても苦手だな」とか、様々な本音に対して客観的になれたら、おそれに飲み込まれておらず、〝併走〟しているような状態にいます。

　併走が上手になってくると、だんだんと「こわい状況」が面白く思えてきます。「今度は、こんなこわい気持ちが湧いてきた！」と、思わずガッツポーズしたくなるくらいです。そのくらいになれば、まさに最強。おそれを手放す自信がついてきて、心に余裕が生まれてきている証拠です。

　感情を客観視することに慣れてくると、誰かが目の前でネガティブな感情をあらわにしても、以前のようには巻き込まれなくなります。

　例えばひどく怒っている相手のネクタイやメガネに注目したり、「なんでこんなに怒っているんだろう？」と〝神の目〟で俯瞰して見てみたりと、ちょっと引いた場所から状況を見て、ふっと笑えてきさえします。「この人はただ悲しいんだな、寂しいんだな」と、相手の痛みや悲しみに愛をもって寄り添うことすらできます。

　こうなったらあなたはもう、おそれの状態にはいません。同じようなことが自分に起きたとしても、明るく受け流す余裕ができているはずです。

⑦ 「こうなったら嬉しい」にフォーカスする

「独立するのがこわい」「好きなことでお金を稼げるかわからない」と後ろ向きになっている人でも、いざ夢を語ってもらうと、「世界中を旅して、大好きな雑貨を買い付けたい」という風に、嬉しそうに顔をほころばせてくれます。

こわいほうに目を向けていると、どんなに素晴らしい可能性が傍にあっても、それ以外の世界があるということに気づけないもの。

そんなときは、自分にこう問いかけてみましょう。

「理想の状態は何？」
「最高の人生はどんなもの？」
「こうなったら嬉しい、を考えてみよう」

理想の世界をイメージするとき、人は自然と、ポジティブな未来に意識をフォーカスします。

ミノリさんは、スラリとした身体にお洒落なファッションに身を包んだ素敵な女性です。そして彼女は、出生時は男性として生まれてきたトランスジェンダー女性。

ＬＧＢＴの活動の中で自分の立場を表明しないといけないことが多いものの、トランスジェンダーにも色んな立場の人がいるため、自分の意見を言うことで人と対立することがこわいと言います。

けれども、こちらから「理想の状態と、最高の人生は何ですか？」と聞いてみると、それまでのこわばった表情が一変。

「セクシュアリティに関係なく、自分の本当にやりたい夢を実現できる幸せな人を増やしたい。どんな立場にいる人とも、ありのままの自分を自由に伝えられる人になりたい」と、目を輝かせながら話してくれました。

この本をつくるために力を貸してくれた読者代表メンバーたちとの座談会でも、理想の状態についての質問を投げかけた途端に、一瞬で表情が変わった人が何人もいました。

そして最高の人生は何？　という質問に、誰もが淀（よど）みなく瞬時に答えることができたのです。

なぜかというと、おそれを手放した後の世界、「新しい世界」はすでに存在しているから。

まだ現実になっていないし目に見えないけれど、理想の状態はあなたのすぐ近くにあって、あなたが手を伸ばしてつかみ取るのを待っています。

意識を向ければ、未来の世界から答えとイメージを引き出せるのです。

⑧ 祈りの力を味方につける

最後に、自力ではなく、「祈りの力」という他力本願な方法を紹介します。

初詣、おみくじ、絵馬、護摩(ごま)焚き、お守り……。神社やお寺に誰もが参拝したことがあるでしょう。合格祈願や安産祈願や御礼参りなど、人生の節目で神様にご挨拶や祈願をするのは、古来より続いてきた日本人の在り方です。

自力でできることをやった上で、こうして他力を使い、最後は「人事を尽くして天命を待つ」という気持ちで過ごすのは、とても良いと思います。

私も節目に氏神様にご挨拶をするほか、毎月近所の優しいおじちゃんおばちゃんに相談や報告をしにいくような気持ちで、決まった都内の神社やお寺を参拝しています。また毎年6月30日には「夏越しの大祓（おおはらえ）」をしますし、地方へ出張に行くたびに縁を感じている神社を訪れたりもします。

神頼みをする習慣をつけると、「これだけやったのだからきっと大丈夫」とすごく安心するものです。また、神様に真摯にお願いするからこそ、毎日を丁寧に生きられます。

ご先祖様を大切にする気持ちも、私たちを強くしてくれます。

何年か前に「家系図」をつくったことがあります。家系図専門の司法書士を紹介してもらい、両親の父方、母方の合計四家系を作成。

出来上がった家系図にはたくさんのご先祖様たちの名前が並んでいて、じっくりとひとりひとりを眺めるうちに、彼らが精一杯生きてくれたからこそ私に「命のバトン」がつながれたのだ、ということが実感できてとても感動しました。

それからは毎年3月、9月のお彼岸の時期とお盆の合計3回、ゆかりのある高野山のお寺で先祖供養をしています。

家系図作成も毎年の供養もそれなりにお金がかかりますが、ここに生かされていることへの感謝を考えると、大切な出費だと考えています。

ご先祖様たちとより一層のつながりを感じられたら、自分は決してひとりぼっちじゃないと思えるはず。今ここに存在し、生きているという事実が、愛されて生まれてきたことの証明なのですから。


また、日々の生活に祈りを取り入れてみるのもいいかもしれません。

朝起きたら、あるいは夜寝る前、身近な人や大切な人のため、自分や世界の誰かのために祈る、優しい時間を持つこと。

誰かの幸せを祈ったり、両親の健康を祈ったり、自分がこわいことを乗り越えられるようサポートをお願いしたりしましょう。

こうした祈りは人のためにもなるし、自分のためにもなります。

きっと、あなたの真摯でピュアな思いに、〝見えない誰か〟が応えてくれるはず。

決して、ひとりきりで頑張らなくてもいいのです。

5

新しい世界へ

喜びのメガネで新しい世界を眺めよう

いよいよ、本書も最終章に突入です。

これまで読んできたあなたなら、きっとおそれを手放す準備ができているはず。

こわいことをやるたびに実感することでしょう。

失敗するかもしれない、嫌われるかもしれない、これをやったら自分の人生が終わってしまうかもしれない……と思い込んできたことが、全部おそれのメガネによるもので、大いなる勘違いだったということに。

おめでとうございます！

古いおそれのメガネが壊れて、あなたは今、新しい「喜びのメガネ」をかけて世界を眺められるようになっています。

喜びのメガネをかけた途端、きっと「なぜあれほど、こわがっていたんだろう？」と拍子抜けすることでしょう。

やる前は「この世の終わり」くらいこわがっていたのに、です。

おそれは、自分が生き延びるため、あなたがこれ以上傷つくことから守るために、色んなトリックを仕掛けてきました。喜びのメガネで見える世界なんて、まるでこの世に存在しないように錯覚させてきたのです。

でも、いざ新しい世界に足を踏み入れてみると、みるみるうちにおそれは消失していき、同じ家族、同じ人物、同じ仕事、同じ収入、同じ生活のはずなのに、見方や捉え方、感じ方がまったく変わります。

家族が突然変化したように見える人もいれば、苦手だった同僚とスムーズなコミュニケーションができるようになったり、臨時収入や新しい仕事に恵まれたり、とんとん拍子で恋人ができたり結婚する人もいます。

もちろん、こうした特定の結果に関係なく、新しい世界でのあなたはとても幸福感に満たされています。

覚えていてください。

本来ならば、こちらの世界が真実なのです。

私たち人間の本来の状態は「愛」であり、外側の状況は一切関係なく、いつもあふれんばかりの喜びに満たされているのが、本当の私たちの姿なのです。


喜びのメガネからなる新しい世界での行動原理は、とてもシンプルです。

やりたいから、やる。楽しいから、やる。確実にそうなってきます。

「海外で仕事がしたいから英語を勉強する」「自分を成長させたいから、新しい人とたくさん話したい」というように、「こうなりたい」をベースとして、言い訳や先延ばしからは無縁になっていくことでしょう。

喜びの感情から何かをやるたびに、さらに内側から好奇心があふれてきて、より身軽に動けるようになります。やりたいと思ったことをすぐに実行に移すようになれば、自然と自己肯定感も高まっていきます。

自分が新しい挑戦に積極的になればなるほど、周囲の人間関係も同じように新しい挑戦をしている人が増えてくるので、より面白い人たちとの刺激的な出会いに恵まれていき、ますます毎日が充実していくはずです。

良いスパイラル状態が始まる

こうしておそれを手放し、「やりたい！」というワクワクした気持ちをベースに行動していくと、エネルギーがどんどん上昇していきます。それはまるで、全身の体温が上がって、サーモグラフィーが寒色から暖色に変わっていくような感じです。

またあなたの身体から外側に向かって、ミラーボールがくるくると回転しながら、光を反射させているようなキラキラとしたエネルギーが放出されるのをイメージしてみてください。

これらはあくまで例えですが、あなたの全身の体温が上がり本当に光が放たれているかのように、周囲の人たちの反応が変わります。

「最近いいことあった？」「雰囲気が明るくなったね」「すごく輝いてる！」と、あなたの変化に驚き、こうした言葉をかけてくれることでしょう。

自分でも、良いスパイラル状態に入っていることを実感できます。おそれという

「低い、ネガティブな感情」が、愛という「高い、ポジティブな感情」に変化して、身体も心もどんどん軽やかになるのが分かるはずです。

これらの変化は、おそれを手放したことによってエネルギーの「量」と「質」が同時に高まったことによるものです。

他にも、こうしたことが起きてきます。

- 目覚めが良くなる
- 短い睡眠時間でも十分に感じられる
- 朝一番の感情がポジティブ
- 今日はどんな日になるだろう？　とワクワクする
- やりたいことを、軽く行動に移せるようになる
- 新しい人間関係が始まる
- イメチェンしたくなる
- 新しい洋服や靴を買いたくなる
- 自然と笑顔が増える

・感謝の気持ちが自然とあふれ出す
・これまでイライラしたことが、何とも思わなくなる
・他人へのジャッジが減り、どんな人ともいい感じにつき合える
・食べ物の好みが変わる、身体に良いもの、質の良いものを食べるようになる
・変わったね、可愛く（カッコよく）なったねと褒められる
・肌ツヤが良くなる
・会いたい人とつながる、行きたかった場所に運ばれる
・心の中で思うことがグッとポジティブな言葉になる
・自分から事を起こさなくても、合わない人が自然と離れていく
・念願のチャンス、オファーがやってくる

こうした変化に加えて、「ひらめき」が起こるようになります。
ひらめきが起きたら、すぐに行動してみましょう。
合言葉は、「ピンときたら、アクション」です！
「あの人に会いに行こう」「一度断った食事会にやっぱり行ってみようかな」「今日の

お昼休みに、普段行かない書店に立ち寄ってみよう」……このように何かを思いついたら、できる限りすぐ実行してください。

すると、思いついたことをすぐにやってくれる自分への信頼度が増すので、自分自身とのパイプがどんどん太くなっていきます。そしてさらに、ひらめきが起きるようになるのです。

「なんとなく気になる」は未来からの情報

また、漫画のように豆電球が点灯するような「ピンとくる」ものだけでなく、「なんとなく気になる」「見過ごせない感じがする」という感覚も、ひらめきの一種です。「なんとなく気になる」「見過ごせない感じがする」というのは一見頼りない感覚に思えるかもしれませんが、大丈夫。ちゃんと気づけます。

それをせずにはいられない、気づいたら行動に移している、まるで動かされるよう

に行動を取る、深く考えずとりあえずやる、というように、なんとなくの感覚だけれど、不思議と動かずにはいられないことでしょう。

私は、ひらめきの一種である「なんとなく気になる」という感覚は、未来からの情報だと考えています。

「未来からの情報」だけだと荒唐無稽に聞こえるかもしれませんので、ここで「過去原因説」と「未来原因説」という2つの説をご紹介したいと思います。

「過去原因説」とは西洋から輸入された考え方で、その名の通り「過去に原因がある」という考え方です。

一方、日本では逆の「時間は未来から流れる」という「未来原因説」が取られていましたが、西洋から時計を輸入して生活に使い始めた頃から、日本人の時間の概念も西洋化したとされています。

その証拠に、〝針が動く〟西洋時計が日本に入ってくるまで、江戸時代の日本では「和時計」が使われていて、その時計の仕組みは〝針は静止し、文字盤が動いた〟のだそうです。

針が動く西洋時計は、左（過去）から右（未来）に向かって時間が流れているように見えるのに対して、針が止まって文字盤が動く和時計は、文字盤が右（未来）から左（過去）に向かって時間が流れているように見えます。

例えば、大学受験を控えている従兄弟のアキオ君がいるとします。でも熱心に勉強しなかったため、希望していた大学にすべて落ちてしまい、料理の専門学校に通うことになりました。そして「なんとなく」仲のいい友人に誘われて入学したはずが、通っていくうちに料理の奥深い世界にすっかり夢中に。料理の腕もメキメキと上達して、現在メディアでも話題の有名レストランへの就職が決まっています。

――というストーリーを「過去原因説」「未来原因説」に当てはめてみますと、こうなります。

「過去原因説」：時間は過去から流れる
（過去）「受験勉強をしない」↓（現在）「大学に不合格になる」↓（未来）「料理学校に

通う」

「未来原因説」：時間は未来から流れる

（未来）「料理学校に通う」→（現在）「大学に不合格になる」→（過去）「受験勉強をしない」

アキオ君のストーリーは「過去原因説」で解釈してみると、「受験勉強をしなかったから、大学に落ちて、料理学校に通った」。一般的にはこうです。

けれども、こうも考えられないでしょうか。

「未来原因説」の考え方に基づくと、アキオ君は「料理の専門学校に通う未来があるから、今大学の不合格通知を受け取っていて、過去には勉強をしなかった」ことになります。

アキオ君が料理の専門学校に通うという未来がすでに存在しているからこそ、それを実現するためには、大学に落ちる必要があるし、熱心に勉強しない要素も必要になるわけです。

私は決して運命論者ではありませんが、ある程度の未来、いくつかの未来は、すでに今存在していると考えています。そして、私たちがどの未来をつかみ取るのかは、自分の意志や感情の状態が決めるのだと。

過去はすでに体験していることなので、それは「記憶」に分類され、クリアです。けれども未来に関する情報は、〝未だ体験していない〟ことなので、まだぼんやりしています。

つまり、「未来からの情報」は、受け手の私たちにとっては決してクリアな情報ではなく、漠然としているのです。そして、「なんとなく気になる」という感覚を伴うひらめきとして、私たちがキャッチできるのだと思います。

あなたにも、ある日妙に何かが気になりだしたという経験がありませんか。

例えばそれまでまったく走ることに興味がなかったのに、周囲でマラソンを始める人が増えだして、なんとなく気になりだした。

それでも時間がないからと遠慮していたら、たまたま近所にトレーニングジムがオープンして、一緒に走る仲間も同時に見つかった。

そしてついにマラソンを始めて、すっかりハマってしまう……。

これも「未来原因説」で言えば、マラソンにハマる未来があるからこそ、ひらめきとして、「マラソンがなんとなく気になりだす」という感覚になったということです。

膨大な情報があふれている現代、流通している情報のうち、興味のアンテナが立つのは一体どれくらいの割合でしょうか。想像するだけでも、気が遠くなります。

「なんとなく気になる」ことが天文学的確率で起きていることが実感できるでしょうし、そのくらい貴重な情報だからこそ、「未来からの情報」「未来の自分からのお知らせ」と言えるのではないでしょうか。

頭でこねくり回し、「何が正解か」と考えすぎず、感覚がやってきたら軽やかに自然体で行動していきましょう。

素晴らしいことに、ひらめきからの行動は必ずと言っていいほどスムーズに進んでいきますし、良い結果をもたらしてくれます。

シンクロニシティに導かれていく

ポジティブな感情の状態が当たり前になると、様々な変化とひらめき、そして「シンクロニシティ」が起き始めます。

シンクロニシティとは、スイスの心理学者ユングが提唱した概念で、「意味のある偶然の一致」という意味です。日本語では、「共時性」「同時性」と訳します。

日本で言う「虫の知らせ」はシンクロニシティの一種です。

田舎の祖母が危篤との知らせを受けた女の子がいるとします。

数日後道を歩いていたら、白い鳥が目の前にやってきて羽を落としました。

彼女は白い羽から天使を連想し、「あぁ、おばあちゃんは天国に逝ってしまったんだ」とふと感じた瞬間、母親から電話が。祖母が亡くなったという知らせでした。

この例で言うと、「危篤の祖母」と「白い羽」は本来何の関連性もありません。

けれども、他の人には何の意味をなさなくても、彼女にとっては意味があるところがポイントです。

まったく異なる2つの要素も、組み合わさることによって人それぞれが特別な意味を見出すのが、シンクロニシティなのです。

もっとシンプルに言えば、**シンクロニシティが起きることによって、「欲しかった情報、人とのつながり、チャンスなど」がちょうどいいタイミングで、あなたのためがけてやってくるようになります。**

より理解を深めるには具体例が一番なので、まずは私に起きた「シンクロニシティ実体験」をご紹介しましょう。

・しばらく会っていないかつての仕事仲間のことを、「最近どうしているかな」と数年ぶりに思い浮かべたところ、その日の午後、近所のプールでばったり会った。聞いてみると、彼の仕事場と私の自宅はすぐそばであることが判明。しかも、彼はさっきふと思い立って、2年ぶりにプールに来てみたとのこと。

すぐにLINEを交換、食事に行くようになり交流が復活した。

・某恋愛リアリティー番組にハマる人が、周囲に続出。

何の関心もなかったが、ある夜急に興味が湧いてきてネットで検索。すると、番組そのものよりとある男性出演者が気になって、彼のインタビューを何時間もかけてチェック。

翌朝、企業から一通のメールが。何と、その男性出演者との対談依頼だった。

検索してからわずか半日後に縁がつながり、友人関係が始まった。

・生活習慣の乱れで肌荒れしてしまい、これを機に肌質に合ったコスメや洗顔法を知りたいと、美容皮膚科を探そうと思い立つ。それもテレビCMを打っているような有名なところではなく、美容マニアや芸能人がこっそり通うような、知る人ぞ知るクリニックを希望。

ある日、表参道でランチをしていたら数年会っていなかった女友達を見かける。すっかり話が盛り上がり、後日改めてお茶をすることに。

数日後、カフェでお互いの近況を話していたら、すぐそばに彼女の新オフィスがあるという。誘われるままオフィスに足を運んでみたら、彼女から「オフィスの隣に美容皮膚科がある」との情報が。

それこそが、美容マニアや芸能人がお忍びで通う知る人ぞ知るクリニックで、肌荒れは治った。

・海外で講演会をやりたいと思っていた頃、普段バリに住んでいる女性作家さんと2人でお茶をすることに。

この夢を語ってみたところ、彼女の住むインドネシアのジャカルタで一緒に講演会をやろうと盛り上がり、飛行機とホテルを手配して早速下見に行くことに。

結局予算の都合で自主開催はできないという結論になったものの、ジャカルタ滞在中に、彼女にシンガポール講演会のオファーが！

しかもジャカルタに私たちがいることは、ほとんどオープンに知らせていないにもかかわらず、オファーした人は（シンガポールではなく）ジャカルタ在住の女性起業家だった。

翌日3人で会い、とんとん拍子にシンガポール講演会の開催が決定。しかも私も登壇できることになり、思わぬ形で「海外で講演会をやりたい」という願いが叶った。

・書店で気になる本を見かけたものの、迷った挙句買わなかった。
買ったほうがよかったかなとちょっぴり後悔しながら電車に乗ったら、目の前に座る女性が、その本を読んでいた。

それでも迷っていたら、ふと立ち寄ったサウナで別の女性が持っているのを目撃。これは「買いなさい」というメッセージだと判断して買ってみたところ、最近気がかりだったことへのドンピシャな答えを見つけた。

・大ファンの著者が、ラジオで匿名希望の男性出演者と面白い対談をしていた。この対談相手に興味を持ったものの、匿名だしと連絡するのを一旦あきらめる。すっかりその男性を忘れた頃、数回お仕事をした企業の担当者から突然連絡をもらいメッセージを送り合ううちに、担当者が突然、匿名男性の話題をし始める。驚いて聞いてみると、何と知り合いだという。

後日紹介してもらい、家族ぐるみのおつき合いをするようになった。

いかがでしょう?

これらは私に日々起きているシンクロニシティの、ほんの一部です。

会いたかった人、欲しかった情報、願っていたチャンスなどあらゆるものが、シンクロニシティに乗ってドンピシャのタイミングでやってきます。

早ければその日のうちや数日以内、遅くとも数ヶ月、数年のうちに、あなたが求めていたものが必要な時期にちゃんと得られるのです。

しかも、誰かと奪い合う競争もなければ、躍起になってつかみにいくという苦労も努力も必要ありません。

そこにはすべてがお膳立てされた、「あるべきところに、きれいにおさまっていく」というような、あなたにとってちょうどいい世界があります。

シンクロニシティが起きるたびに、あなたの心は感動に震えるはず。

もっと肩の力を抜いてこの世界を信頼しよう。目の前に起きること、やってくるものをただ楽しんでいこう。きっとそう感じられると思います。

ただし、シンクロニシティはポジティブなものだけではなく、ネガティブなものもあります。ことわざで言えば、「泣きっ面に蜂」がまさにそれです。

おそれを手放してエネルギーが上がれば、ポジティブなシンクロニシティもより多く大きく起こってきますが、反対もしかり。

あなたの感情の状態次第では、こうなったら嫌だなとおそれていたことがそのまま現実になってしまったり、せっかくの行動がことごとく空回りしたりすることもあります。

かつての私には、こんな〝不運〟も起きています。

・「今この人に会ったら、気まずいな」とぼんやり考えていたら、その日のうちに繁華街でばったり会ってしまう。しかも、逃げづらい正面からの出会いだった。

・とある仕事で使う会場を探していたときのこと。スケジュールに余裕がなく、内心焦りながら手当たり次第に内覧を申し込んだら、見事にハズレばかり。その上、仕方なく選んだ会場は相場と比べて随分と高く、担当者との相性もイマイチで、後味の悪い仕事になってしまった。

・本を書き始めたものの、思うように筆が進まずイライラがおさまらない。気晴らしにとネットを見てみたら、私が書きたいことと真逆の主張をしている著名人のインタビューが目に飛び込んできて、不安になってしまった。

・骨折した友達のお見舞いへ行ったら、彼女と会話するうちに「私も骨折したらどうしよう」と一瞬、不安がかすめる。すると、2週間も経たないうちに本当に左足を骨折してしまった。

そもそもシンクロニシティは特別な人にだけ起こるのではなく、実は私たち全員が日常的に体験しています。けれども、起きていることに気づかなかったり、奇跡なんて起きるわけないと思い込んでいたり、単にシンクロニシティを知らなかったりして、見過ごしてしまっているだけです。

喜び、ワクワク、情熱、幸せ、そういった愛の感情の状態をキープして、ひらめきやシンクロニシティをどんどん起こしていきましょう。

目にうつる全てのことはメッセージです。

ぜひ新しい世界で、あなたの日常に起きるすべての事象から特別な意味を受け取り、どれだけあなたの人生が奇跡に満ちているか、全身で実感してください。

波動域のジャンプアップ

良いスパイラルに入ってしばらくすると、何の前触れもなく、視界が急に開けてくるような体験をするかもしれません。

「そうだったのか！」「こうすればいいのか！」と、これまで分からなかったことがいきなり分かるようになり、急にストンと腑に落ちる感覚がきます。

例えるならば、これまで視界が１８０度だったのが、急に２７０度、３６０度、全方向を一度に見渡せるようになった感覚です。

こうした現象は「波動域がジャンプアップしたこと」によって起こります。

これまで（人によっては長らく）留まっていたエネルギーの領域から、一段階、もしくは何段階も飛躍したことによって、急に世界を俯瞰して見られるようになります。

具体的には、これまで知識として学んできたことが、「分かる」。

もっと正確に言えば、「これまでは〝知っていた〟だけで、本当は分かっていなかったことが分かった。やっと分かることができた」、そんな状態になります。

デザイナーのカナエさんは、これまで顧客の要望に丁寧に応えながら、心のどこかで「まだ本当の自分をさらけ出せていない」と感じていました。

そこで自分を変えるために、「感謝ノート」を書きながら自分の状態を整えつつ、これまで新しいブログを開設して自分の新しい面を発信したり、新たな事業への準備を進めたりと、自分にとってこわいことを少しずつ実行していったのです。

すると、どんどんエネルギーが湧いてくるのを実感し、意識の変化が目に見えて分かるようになってきました。

そしてある日、私が発信しているメッセージに、これまで以上に歯車がガッチリとハマるような感覚が訪れたのです！　さらには、参加したいと思っていたイベントの代金ぴったりの臨時収入が入ってきたり、「感謝ノート」の真髄が身体で腑に落ちたりと、矢継ぎ早に変化が訪れました。

おそれを手放すことのすごさ、波動域のジャンプアップの素晴らしさを、カナエさんは今かみしめています。

カナエさんのような状態になると、生きるのがグッと、グッと楽になります。

なぜなら「悩む」ということがほとんどなくなるからです。

不安や落ち込みはありますが、以前に比べると飛躍的に早く元の良い状態に戻るので、悩むほどの状況に陥ることがないのです。

ネガティブな状態になったとしても、私で言えばせいぜい長くても30分くらい。早ければ、ものの10秒くらいで抜け出すことができます。

日常でこれまで悩んでいた苦しみの原因がはっきり分かるので、それまでとは違った感情の選択をしやすくなります。

大切なものだけが残っていく

とてもプライベートなことなので、このエピソードを本書に書くかどうか少し迷ったのですが、現在の私を語る上で欠かせない経験なので、ここまで読み進めてくれた大切な読者であるあなたに、ありのままを書くことにします。

これまでご紹介してきたようなプロセスを経て、現在の自然体で幸せな状態の私がいるわけですが、もうひとつ、「新しい世界への扉」が開いた大きなきっかけがあります。それは失恋です。

感情についてある程度勉強していたものの、日常生活に生かすことはまだできていなかった頃の話です。当時の私はしょっちゅうイライラしていて、自分の思い通りにならないことがあると、恋人に不満をぶつけていました。

そしてある日、「一緒にいても楽しくない」と電話で一方的に告げられ、フラれてしまったのです。

突然のことでなかなか現実を受け入れられない私は、仲のいい友達に相談したり愚痴を聞いてもらったりしながら、何とかやり直す方法はないかと色んな人の本やブログを読んで、現状を打開しようと躍起になっていました。

けれども時間が経つにつれて気持ちは落ち着いていき、終わってしまった関係であることを受け入れ、冷静に自分を振り返るくらいまでに回復したのです。

変化が起きたのはこのときです。

不意に、気づきがやってきたのです。

彼のことを本当は愛していなかった、という自分の本心に。

もっと言えば、長い間、誰のことも好きではありませんでした。

私は随分と「愛」や「喜び」といったポジティブな感情から遠ざかっていて、その人たちを好きだからというよりも、「不足ある自分」を埋めるために交際していたのだと気づいたのです。

この気づきは強烈で、頭をガーンと殴られたような衝撃がありました。

考えてみると、私には「何かが欠けている」という感覚がずっとあって、それを埋めるために「恋人」という存在を必要としていました。

私が一番おそれていたことは、ひとりぼっちで生きること。誰からも相手にされず生きることが最もこわいから、誰かを必要としていたのです。

「おそれ」から相手を必要としていたのですから、そうした動機で始まった関係は幸せの状態とは程遠いですし、相手も私も、満足するような関係を育めるはずがありません。

ここまで気づいたとき、私は、「最もこわいこと」に飛び込むことにしました。

それは恋愛をお休みして、「ひとりぼっちになる」ことです。

自分との対話は続きました。すると、恋人への不満の根っこには、「自分が嫌い」という思い込みがあることにも気づきました。自分のことが嫌いだからこそ、自分の代わりに、他の誰かに大切にしてもらいたい、好きになってもらいたいと思っていたのでした。

私は私のことが嫌いだったんだ。

そう自覚したとき、涙があふれてきました。

その涙は決して惨(みじ)めな気持ちから流したのではなくて、むしろふっきれたことから流れた、爽やかな涙です。

同時に、ひたむきに努力してきた私の姿も浮かんできました。もっと愛されるために、もっと人から認めてもらうために、もっと素敵な女性であるために。欠けた部分をあの手この手で埋めようと、必死に生きてきた自分の姿です。

これまでの在り方を思うと悲しくもありましたが、健気に生きてきたことを愛おしくも感じました。

愛が欲しくて叫んでいた、ありのままの私をやっと発見できたのです。

それからは、自分が自分をもてなしてあげようと、朝から大好きなコーヒーを入れ、健康的な料理をつくって、私の愛を私自身に届けてあげるよう心がけました。

そして少しずつ着実にゆるんでいき、現在の幸せな状態があります。

「ひとりぼっちになる」という最もこわいことをやって、自分が自分を大切にしていくことを実践していくうちに、必要だと思い込んでいたもの、足りないと感じていたものが、実はそうではないということがはっきりと分かってきました。

世の中の理想とされるような、恋人、幸せな結婚生活、子ども、高い収入、美しい容姿と身体、高い偏差値、一流の会社、立派な肩書き、豊かな生活、人脈、情報、フォロワー、子どもたちの受験と合格、その他様々なモノたち。

以前まで私も一緒になって「手に入れなければ、私は十分ではない」と信じていたものが、本当は必要ないと知ったとき。

ぼんやりしていた世界がいきなりクリアに見えて、あぁ、そうだったのか！と思わず膝を打ちたくなるような感覚がしました。

それからは、何かを欲しがる気持ちや埋めたくなる気持ちはずっと減って、「すべては、必要なときに、必要な分だけやってくる」、そんな人生観が芽生えています。

本当の自分を生きる

早いもので、この旅もいよいよ最終局面を迎えました。

私たち人間にとって、この世で最もこわいことは何でしょうか。

死、お金を失うこと、大失敗すること、別れること――思い巡らせたところ、現時点での私の結論は、「本当の自分を生きること」です。

本当の自分を生きるとは、本当に思っていることを人々に伝え、本当の才能を目覚めさせ、本当の弱さをさらけ出し、本当の情熱を表現し、本当の道を歩むということ。

本当の自分を生きれば、それに対する人々の反応も、評価も、結果も、裸の自分に返ってきます。カッコつけることもできないし、ごまかしもきかないでしょう。

そうした痛みから自分を守るため、私たちは天ぷらの衣のように自分に余分なモノをつけているのだと思うのです。だとしたら、そろそろ重たい衣を脱ぎ捨てて、「プリプリの海老のまま」、生きてみたいと思いませんか。

本当の自分を生きるには、とことん自分を知り、簡単にはブレない軸の強さと、自分を最後まで信じ抜く強さが必要です。それは自分軸を持つ、とも言えます。

自分で考え、自分で選び取り、自分を貫くこと。

他者からの評価を求める限り、私たちは決して自由になれません。なぜなら、それは基準を「外」に置いた在り方だから。

基準はすべて、「内」にあるべきなのです。

大衆に迎合することなく、人に認められなくていいと振り切ってはじめて、本当の自由を手にすることができます。

こうした生き方は、まるで〝アーティスト〟のようです。

アーティストたちも、大衆に迎合するのではなく、自分の世界観や価値観を世に訴えていく存在です。小説、音楽やダンス、パフォーミングアートなど表現方法は様々ですが、自分の中にある人に譲れないものを臆せずに表現することが彼らの生き方なので、アーティストは時に反逆的で、前衛的です。

また、時代を変えるカリスマと呼ばれる人たちがいます。

彼らは確固たる信念を持ち、他者に迎合することを拒否し、独自の世界観を放っています。だからこそ、時代を象徴する存在として人の心を捉え続けています。

彼らこそが、新しい時代を切り開くパワーを持った真のアーティストです。


そして、彼らのような生き方は決して一部の人だけがなしうるのではなく、本来、すべての人がアーティスト。こうした存在に誰だってなれるのです。

もしあなたが勇気を出して、これまで隠してきた自分を表現すると決めたなら。

「本当の自分を生きる」あなたを見て、一体どれだけの人が、あなたの生き様に影響を受けるでしょうか。


自信に満ちた言葉、尊厳ある立ち居振る舞い、希望をまっすぐに見つめた眼差し、ほとばしる情熱。あなたは、ただいるだけで周囲の人を導いていく存在です。

それはまるで、夜空に燦然（さんぜん）と輝く、北極星のようなものです。

人は生きている限り、道に迷い込むことがあります。

長い人生の航路の中で、時代という風向きを見誤り、自分の位置を見失って呆然とたたずんでしまう人もいるでしょう。

そこであなたが、ブレない自分軸を持って生きていたら。

どんな人でも、北極星であるあなたの位置から自分の位置を割り出し、望む方向へ再び舵取りができます。


大切なのは、あなたと他の人たちの行き先は皆、異なるということ。

時代を変えていく力を持つ圧倒的なカリスマの人たちとも、親しい人たちとも、あなたとすべての人たちは行き先が違います。

だからこそ、自分の道を、自信を持って一歩一歩進んでいけばいいのです。

そして立ち止まっていい。迷ってもいいし、寄り道をしてもいい。

間違えるということは決してなく、自分の心さえ中心にあれば、必ず行きたい場所、自分が望んでいた場所にいつかたどり着くのだと思います。

「新しい世界」からの呼び声が聞こえますか？
それはあなたの最も美しく、最も深いところに存在する魂からの呼び声です。
本書は「新しい世界への招待状」。
残りの人生、留まり続けるか、本当の自分を生きるか。
この本を読み終えたあなたなら、きっと後悔のない選択ができるはず。

新しい世界へ、力強く踏み出していきましょう！

エピローグ

最後まで読んでくださり、ありがとうございます。

私にとって3年半ぶりの新刊で、かつ「おそれ」という一風変わった内容を扱うということで、今回の本は挑戦的な一冊になりました。

心理学を体系的に学んだわけでも、資格を持っているわけでもありませんが、私が30代の10年間で取り組んできた「心」「感情」「癒し」について、これまでの経験と今持てるすべての力を注ぎ込めた本になったと思います。

新しい世界へあなたを連れ出す、〝水先案内人〟のような存在になれたら、こんなに嬉しいことはありません。

執筆期間中、著者自ら「こわいこと」に飛び込んできました。

逃げ出したくなるような衝動を乗り越えるたびにおそれを感じ切り、心の重荷を降ろしてきました。

何よりも嬉しいのは、編集や編集協力いただいた書籍チーム、本書を応援してくれている座談会&宣伝隊メンバー、そして大切な友人たちも一緒に、「おそれ」をシェアし、手放すたびに報告し合えたことです。人生の節目に出会い、お互いに支え合い、応援し合える友情を持てることにも、心から感謝しています。

彼らのおかげで、私にとって長年「超ド級のこわいこと」だったことも、やり切ることができました！　いつか、その体験を話せるときがきたらいいなと思います。

次はあなたの番ですよ～！


光文社出版局の田邉浩司さんと千美朝さん、編集協力いただいた岡部のぞみさん、本書の座談会&宣伝隊メンバーの、藤井誓子さん、田中ななさん、藍日十美さん、三栗祐己さん、古川洋子さん、落理紗子さん、匂坂俊之さん、福井京子さん、鈴木可奈恵さん、安達久美子さん、井原舞子さん、小澤なつ美さん、加藤ニーナさん、大塚修平さん、青山雅子さん、福島梨沙さん、中林沙妃さん、江口リカさん、鈴木綾さん、吉岡佳奈さん、岸田和憲さん、時枝穂さん、中村典子さん、菊地由恵さん、優里さん、藤田佳奈さん、小松幸枝さん、羽切まり恵さん、近藤さん、日比祥友さん、笹渕やすえ（Chari）さん、根間恵子さん、佐々木悦子さん、くみさん、幸せな助。さん、青木朋子さん、加藤沙織さん、八木祥祐さん、田原さや香さん、若林美由紀さん、なおさん、稲垣由紀さん、池田まさえさん、藤本秀平さん。

皆さんのおかげで本書が生まれました。本当にありがとうございます！

最後に、読んでくれたあなたへ。

こわいことをやる。

それを決めている者同士、不思議なくらい強い絆を感じています。

本書を読み終わった今日からあなたがおそれを手放して、果敢に挑戦していくことを、そして一度きりの人生が光輝くことを、心から願っています。

あなたは強い存在です。

決して、絶望や失敗にくじけることのない、強く、たくましい存在です。

この地球に生まれ落ちた日、最大限にワクワクしながら、お母さんの身体に宿った日のことをどうか思い出してください。

嬉しいこと、悲しいこと、美味しいもの、美しいもの、恥ずかしさ、悔しさ、あふれんばかりの喜び、そうしたすべてを全身で味わいたくて、生まれてきたことを。

存在するだけで人の心を震わせる、〝偉大なあなた〟が目覚めますように。

２０２０年12月吉日　「新しい世界」が始まる夜明けに　安藤美冬

安藤美冬（あんどう・みふゆ）
作家、コメンテーター

1980年生まれ、東京育ち。著書累計18万部、新しいフリーランス・起業の形をつくった働き方のパイオニア。慶應義塾大学在学中にオランダ・アムステルダム大学への交換留学を経験。ワークシェアリングに代表される、働き方の最先端をいく現地で大きな影響を受ける。新卒で（株）集英社に入社、7年目に独立。本やコラムの執筆、ネットで情報発信をしながら、パソコンとスマートフォンひとつでどこでも働ける自由なノマドワークスタイルを実践中。KLMオランダ航空、SK-II、インテル、アクエリアスなど様々な企業の広告にも出演、働く女性のアイコン的存在である。これまで「情熱大陸」「NHKスペシャル」の他、「Mr.サンデー」「あさチャン！」にコメンテーターとして出演するなどメディア出演多数。著書に『冒険に出よう』（ディスカヴァー・トゥエンティワン）『ビジネスパーソンのためのセブ英語留学』（東洋経済新報社）『会社を辞めても辞めなくてもどこでも稼げる仕事術』〈共著〉『「行動力」の育て方』（ともにSBクリエイティブ）などがある。

InterFM897 番組審議員
日本メンズファッション協会 ベストデビュタントオブザイヤー選考委員
「大地の芸術祭 越後妻有アートトリエンナーレ」オフィシャルサポーター
KLMオランダ航空 アンバサダー

公式ブログ :https://ameblo.jp/miffy-andomifuyu/
無料メルマガ（まぐまぐ！）:https://www.mag2.com/m/0001692344
公式ホームページ :http://andomifuyu.com/

ブックデザイン　小口翔平＋畑中茜＋須貝美咲（tobufune）
協力　岡部のぞみ

新しい世界へ

2021年1月30日　初版第1刷発行

著　者　安藤美冬
発行者　田邉浩司
発行所　株式会社　光文社
〒112-8011 東京都文京区音羽1-16-6
編集部 03-5395-8172
書籍販売部 03-5395-8116
業務部 03-5395-8125
メール non@kobunsha.com
落丁本・乱丁本は業務部へご連絡くだされば、お取り替えいたします。

組　版　新藤慶昌堂
印刷所　新藤慶昌堂
製本所　ナショナル製本

R＜日本複製権センター委託出版物＞
本書の無断複写複製（コピー）は著作権法上での例外を除き禁じられています。
本書をコピーされる場合は、そのつど事前に、日本複製権センター
（☎03-6809-1281、e-mail:jrrc_info@jrrc.or.jp）の許諾を得てください。
本書の電子化は私的使用に限り、著作権法上認められています。
ただし代行業者等の第三者による電子データ化及び電子書籍化は、
いかなる場合も認められておりません。

© Mifuyu Ando 2021 Printed in Japan　ISBN978-4-334-95224-2